AF475656

UNIVERSITÉ DE RENNES

FACULTÉ DE DROIT

THÈSE DE DOCTORAT

LA RECHERCHE DE LA PATERNITÉ NATURELLE

Cette thèse sera soutenue le 29 juillet 1898

PAR

Pierre LHOSTIS

JURY D'EXAMEN :

MM. DE CAQUERAY, Doyen de la Faculté de Droit.
BLONDEL, } Professeurs.
JARNO, }

PAPETERIE DUBOIS, A RENNES

1898

THÈSE POUR LE DOCTORAT

UNIVERSITÉ DE RENNES

FACULTÉ DE DROIT

THÈSE DE DOCTORAT

LA RECHERCHE DE LA PATERNITÉ NATURELLE

Cette thèse sera soutenue le 29 juillet 1898

PAR

PIERRE LHOSTIS

JURY D'EXAMEN :

MM. DE CAQUERAY, Doyen de la Faculté de Droit.
BLONDEL, } Professeurs.
JARNO, }

PAPETERIE DUBOIS, A RENNES

1898

A LA MÉMOIRE DE MON PÈRE

JEAN-FRANÇOIS LHOSTIS

De son vivant, avocat au Tribunal civil de Brest, bâtonnier de l'Ordre

A MA MÈRE

Hommage respectueux d'affection reconnaissante.

BIBLIOGRAPHIE

ACCARIAS .... *Précis de droit romain.*

GIDE .... *Étude sur la condition privée de la femme en droit ancien et moderne.*

GIRARD .... *Traité de droit romain.*

GALLISSET .... *Corpus juris civilis.*

RICHTER .... *Corpus juris canonici.*

KŒNIGSWARTER ...... *Organisation de la famille en France depuis les temps les plus reculés.*

LOISEL .... *Institutes coutumières.*

FOURNEL .... *Traité de la séduction.*

RICHER .... *Causes célèbres, curieuses et intéressantes*, 1734, 1743.

G. DE PITIVAL .... *Causes célèbres, curieuses et intéressantes*, 1773, 1789.

TACITE .... *De moribus Germanorum.*

R. DE LA GRASSERIE ... *De la recherche et des effets de la paternité naturelle.*

GIRAUD .... *La vérité sur la recherche de la paternité.*

A. DUMAS .... *La recherche de la paternité.* Lettre à M. G. Rivet.

G. DE MOLINARI ...... *La recherche de la paternité. Revue des Deux-Mondes* du 1er décembre 1873.

F. DUBOIS .... *Les fiançailles et promesses de mariage en droit français.*

BERTHAUD .... *Revue critique*, t. XXI, année 1862.

ERNEST JAC .... *Bonaparte et le Code civil.*

P. VIOLLET .... *Précis de l'histoire du droit français.*

E. Accolas.......... *Le droit de l'enfant, l'enfant né hors mariage.*

Fenet............... *Recueil complet des travaux préparatoires du Code civil.*

Locré............... *Législation civile.*

Laurent............. *Principes du droit civil français.*

Toullier et Duvergier. *Le droit civil français.*

Aubry et Rau........ *Le droit civil français.*

Demolombe........... *Cours de Code civil.*

Delvincourt......... *Cours de Code civil.*

Loyseau............. *Œuvres.*

Marcadé et P. Pont... *Explication du Code Napoléon.*

Duranton............ *Cours de droit civil français suivant le Code civil.*

Ahrens.............. *Cours de droit naturel.*

Merlin.............. *Répertoire de jurisprudence.*

Dalloz.............. *Répertoire.*

Dalloz.............. *Jurisprudence générale.*

Codes civils étrangers.

J. Cazot............ Rapport fait au nom de la Commission chargée d'examiner la proposition de loi de MM. Bérenger, de Belcastel, Foucher de Careil et Schœlcher, tendant à la recherche de la paternité.

Annales du Sénat. Débats parlementaires, session extraordinaire de 1883, du 24 octobre au 29 décembre 1883, *Journal Officiel.*

INTRODUCTION

« La recherche de la paternité est interdite ; » telle est dans sa rigoureuse simplicité la règle que nous trouvons inscrite dans l'art. 340 de notre Code civil.

Il semble qu'un esprit complètement étranger à l'état actuel de nos mœurs, en présence d'un tel précepte, soit porté à penser que c'est à raison de son inutilité que la recherche de la paternité n'est pas admise ; la génération actuelle, se dirait-il est parvenue à un tel degré de perfection, qu'il n'est plus nécessaire de contraindre les hommes à accomplir leurs devoirs ; le père éprouve pour son enfant un amour et un dévouement tels qu'il est inutile de lui rappeler les obligations que la paternité lui impose : la société n'a pas à s'en inquiéter ; il ne les oubliera jamais. Alors à quoi bon légiférer en vue de l'hypothèse inadmissible où une femme abandonnée par celui qui l'a rendue mère devra s'adresser aux tribunaux pour obtenir justice ? Le législateur n'a pas d'abus à craindre en accordant au père la faculté d'abandonner son enfant : il ne s'en servira jamais.

Malheureusement il n'en est pas ainsi ; il suffit de jeter les yeux sur ce qui se passe autour de nous pour en être convaincu.

Certes, l'amour paternel, ce sentiment admirable que la nature a su mettre dans le cœur de l'homme, n'est pas une pure chimère; mais cet amour n'est complètement développé que dans la filiation légitime : la procréation des enfants est une des fins du mariage, et les époux loin d'en être honteux en sont fiers. Le législateur a donc agi sagement en accordant toute sa confiance aux parents légitimes. Sans doute, quelquefois ses prévisions ne se réaliseront pas, et l'enfant sera victime de mauvais traitements, de cruautés de la part de ses parents; mais ces cas seront très rares, et la société peut, en principe, affirmer que l'enfant légitime trouvera près de ses père et mère les soins dont il a besoin, et que partout ailleurs il chercherait en vain une affection aussi étendue, aussi dévouée.

Tout autre est la destinée de l'enfant naturel; fruit d'une union que la loi ne sanctionne pas, que les mœurs réprouvent, il est le déshonneur de sa mère, le plus souvent pauvre fille, incapable de subvenir à l'entretien et à l'éducation du malheureux qu'elle a eu seule la douleur de mettre au monde. Le père, lâche débauché, qui n'a cherché que la satisfaction de ses passions dans ses relations avec l'infortunée qui a commis le crime de croire à ses promesses trompeuses, s'empressera de l'abandonner aussitôt qu'il saura qu'elle va devenir mère, pour trouver ailleurs une autre victime qui lui procurera, du moins momentanément, plaisir sans ennuis. Alors, que deviendra la malheureuse abandonnée? Pour elle, désormais, il n'y a plus que honte et misère, si sa faute est connue : elle tâchera de la dissimuler par tous les moyens possibles, et si elle n'y parvient pas, si malgré elle son enfant vient au monde, la société a-t-elle le droit de se montrer sévère à l'égard de cette femme, si dans un accès de désespoir, devant l'impossibilité de vivre, elle commet ce crime si grave aux yeux de la morale, si préjudiciable à l'Etat : l'infanticide? Non, et cela est tellement vrai, que nous voyons les Cours d'assises acquitter presque systématiquement les filles-mères qui étouffent leurs enfants.

Quelquefois la mère, inspirée par le sentiment si beau de l'amour maternel, se refuse à faire disparaître son enfant; elle veut, envers et malgré tout, le nourrir, l'élever, et alors, vaincue dans une société où il est reconnu qu'une femme seule ne peut gagner sa vie, elle se trouvera bien vite placée dans cette alternative sinistre : le suicide ou la prostitution; pour elle point de famille qui lui vienne en aide; son enfant n'entre pas dans la famille légitime, c'est un étranger et un étranger odieux; il ira grossir le nombre de ceux qui, dénués de tout, sont forcément mécontents de leur sort, et constituent pour la société un danger redoutable.

Et on ne saurait nous taxer d'exagération; ici point n'est besoin de faire appel à une sentimentalité trop souvent, trop facilement exploitée par le théâtre et par le roman; il suffit de se borner à la simple observation des faits; ils ne sont malheureusement que trop éloquents.

Le chiffre des naissances illégitimes, en France, varie entre soixante-dix et soixante-quinze mille, et le nombre de ces enfants, reconnus par leurs pères, ne constitue qu'une infime minorité, une quantité presque négligeable; il ne dépasse pas cinq mille! Ce sont donc, tous les ans, soixante-cinq ou soixante-dix mille enfants dont les mères qui, nous le savons, ne peuvent y suffire, ont la charge exclusive, quand ils ne sont pas complètement abandonnés aux soins de l'assistance publique.

L'amour paternel n'est donc pas suffisant pour sauvegarder la vie de l'enfant naturel, et la faculté accordée au père d'abandonner son enfant a donné lieu à des abus, puisque les pères naturels ne reconnaissent presque jamais leurs enfants ; l'espérance que le législateur a pu concevoir en interdisant la recherche de la paternité, de voir les hommes accomplir leurs devoirs sans contrainte, a donc été déçue, puisqu'ils oublient lâchement toutes les obligations que la paternité impose ; il n'était pas inutile d'accorder à la mère le droit de s'adresser aux tribunaux pour demander justice de l'abandon affreux qui est le sien, pour dire à l'homme qui refuse de reconnaître son enfant : « Nous avons commis une faute ensemble, il est juste que nous en subissions ensemble les conséquences. »

La loi française n'a pas seulement interdit la recherche de la paternité naturelle, la reconnaissance forcée ; elle a encore décidé que la reconnaissance volontairement faite par le père, de son enfant, n'aurait de valeur que si elle était consignée dans un acte authentique. Le père pourra donc impunément reconnaître sa paternité dans des lettres ou dans d'autres écrits privés, et employer ce moyen, avec bien d'autres, pour tromper davantage la malheureuse dont il abuse ; il pourra, pendant longtemps, peut-être, donner à l'enfant les soins qui indiquent à tous que cet enfant est son fils ; la mère et l'enfant n'en sont pas moins pour lui des étrangers, si tel est son bon plaisir, et quels que soient les faits dont ils demandent à établir la preuve, ils se verront toujours opposer la règle impitoyable : « La recherche de la paternité est interdite. » Une seule exception à cette règle est admise en cas d'enlèvement ; nous verrons qu'elle est presque inconnue dans la pratique.

Le législateur français a accordé, en revanche, à la reconnaissance des enfants naturels, des effets considérables ; depuis une loi du 25 mars 1896, ils sont presque aussi étendus que ceux de la filiation légitime.

Ces dispositions législatives concernant les enfants naturels sont en opposition avec celles qui réglaient leur situation dans notre ancien droit. Loisel nous dit, en effet, dans ses « Institutes coutumières, » que, « qui fait l'enfant doit le nourrir, » et c'était la règle admise; la recherche de la paternité était permise, mais l'ancienne législation n'accordait aux enfants naturels aucun droit de succession, comme pour bien marquer qu'ils devaient la vie à une union qu'elle ne reconnaissait pas.

La France est actuellement, à quelques rares exceptions près, la seule parmi les nations civilisées qui interdise la recherche de la paternité, du moins d'une façon absolue. Les peuples mêmes qui ont adopté notre législation en ont supprimé la règle de l'art. 340. On a prétendu que c'était une question de races; que les peuples de race latine interdisaient la recherche de la paternité, en accordant aux reconnaissances d'enfants naturels des effets très étendus; les peuples de race germanique, au contraire, admettaient la recherche de la paternité, mais ne donnaient aux enfants naturels qu'un simple droit aux aliments.

Passons en revue les législations différentes des peuples européens, et, tout d'abord, des peuples de race ou plutôt de civilisation latine.

L'Italie est aujourd'hui régie par le Code du 25 juin 1865, qui a pour base le Code français; c'est peut-être après la France la nation la moins favorable aux recherches de paternité; elles sont interdites, sauf les cas de viol et d'enlèvement. Les droits des enfants naturels sont, dans la succession de leurs père et mère, de la moitié de ce qu'ils auraient eu s'ils avaient été légitimes. Une disposition sage contenue dans l'art. 744 les écarte du partage en nature; il suffit qu'on leur paye la valeur de la part qui leur revient.

Déjà l'on cherche à réformer le Code italien au point de vue de la recherche de la paternité; il a unifié la législation en Italie, où l'on rencontrait avant lui plusieurs Codes admettant la recherche de la paternité; notamment le Code sarde qui, dans son art. 185, permettait de rechercher le père lorsqu'il a déclaré sa paternité dans un écrit quelconque, ou qu'il a donné des soins à l'enfant, mais l'action ne pouvait être intentée que durant la vie du père prétendu. Dans le Lombard-Vénitien, la recherche de la paternité était admise; les enfants reconnus ne prenaient pas le nom du père, mais ils pouvaient exiger des aliments et l'éducation. Dans la Toscane et le grand-duché de Lucques, on permettait la recherche de la paternité lorsqu'il y avait reconnaissance tacite de la part du père, ce qui pouvait résulter : des soins donnés à la mère et à l'enfant, de secours en argent, de déclarations verbales, de la notoriété publique...

L'Espagne possède aujourd'hui un Code nouveau du 24 juillet 1889; les art. 129 à 141 de ce Code sont consacrés aux enfants naturels. La reconnaissance volontaire peut se faire par acte authentique et aussi par testament. La reconnaissance forcée est permise : 1° dans les cas de viol, d'attentat et de rapt; 2° en cas de possession d'état d'enfant naturel; 3° quand il existe un écrit du père reconnaissant expressément sa paternité.

Le Code portugais date du 1er juillet 1867. La recherche de la paternité est permise : s'il existe un écrit du père, dans lequel il reconnait expressément l'enfant, si l'enfant a la possession d'état; en cas de viol ou de rapt, si l'époque de la naissance coïncide avec la date de l'acte criminel, c'est-à-dire si celui-ci s'est produit pendant la période légale de conception. La reconnaissance volontaire peut avoir lieu par acte public ou privé.

La Belgique a adopté le Code civil français, mais l'a modifié sur beaucoup de points, et, notamment aujourd'hui, en ce qui concerne les enfants naturels; la recherche de la paternité est admise en cas d'enlèvement et de viol, en cas de promesse de mariage ou de séduction, lorsqu'il y a commencement de preuve par écrit, possession d'état.

La recherche de la paternité est accueillie encore plus favorablement par les législations des peuples de civilisation germanique.

En Suisse, nous trouvons deux institutions de nature à rendre plus faciles et aussi plus actives les recherches de paternité. Les fiançailles ont pour effet de faciliter les recherches; la mise à la charge de la commune des enfants qui n'ont ni père ni mère, fait que les communes recherchent activement le père pour se décharger sur lui de leurs obligations; aussi voyons-nous la plupart des cantons suisses admettre la recherche de la paternité par presque tous les moyens de preuve. Les enfants de fiancés (braut kinder) sont entièrement assimilés aux enfants légitimes, sauf que le père n'en a la tutelle que si tel est l'intérêt de l'enfant. Les autres enfants naturels sont confiés à la mère, élevés par elle, sauf la subvention qu'elle réclame du père.

L'Autriche est régie par le Code de 1811, qui accorde aux enfants issus d'un mariage putatif les droits d'enfants légitimes. La recherche de la paternité est admise; celui qui a cohabité avec la mère pendant la période légale de conception, est présumé père de l'enfant. L'enfant naturel porte le nom de la mère, le père doit le nourrir.

Le Code civil allemand fédéral proclame le principe de la recherche de la paternité. On doit considérer comme période légale de conception le temps écoulé entre le 180e et le 300ᵉ jour avant la naissance de l'enfant; l'homme que l'on peut convaincre d'avoir entretenu, pendant cette période, des relations avec la mère, est réputé père de l'enfant, à moins qu'il ne prouve que d'autres ont été admis aux mêmes faveurs que lui. Aucune exception ne vient tempérer ce principe; la loi est muette en ce qui concerne la preuve; elle pourra donc être établie par tous les moyens. La législation allemande n'accorde aucun droit successoral aux enfants naturels; ils ont droit à des aliments; c'est tout ce à quoi ils peuvent prétendre.

En Angleterre, la recherche de la paternité est aussi admise, mais il faut qu'elle ait lieu pendant la grossesse de la mère ou dans les douze mois qui suivent l'accouchement; vis-à-vis du père, comme vis-à-vis de la mère, la filiation naturelle n'aboutit qu'à une créance alimentaire et se borne au strict nécessaire; le prétendu père est admis à faire la preuve contraire par tous moyens, notamment en justifiant que la mère a entretenu des relations intimes avec d'autres que lui pendant la période légale de conception. Si la paternité est établie, le juge condamne le père, chose bizarre! à subvenir aux besoins de l'enfant jusqu'à ce qu'il ait atteint l'âge de treize ou seize ans, pour une somme fixe, hebdomadaire, de 5 shillings. Si la mère n'intente pas l'action en recherche de paternité, en vertu de la « poor law, » l'enfant est mis à la charge de la paroisse qui peut encore autoriser la mère à intenter l'action. L'enfant n'a aucun droit successoral, mais, en vertu de la liberté de tester, il peut tout recevoir par testament, pourvu que cet acte ne mentionne pas sa qualité d'enfant.

Il est facile de voir, par cet aperçu rapide, que si le principe de l'interdiction de la recherche de la paternité repose sur une base quelconque, ce n'est pas de l'étranger que le législateur français l'a importé chez nous; c'est en France même que nous devons rechercher sa cause, sa raison d'être. Sans doute il serait intéressant de connaitre à ce sujet les résultats obtenus par les législations différentes; mais pour que cette étude soit utile, pour qu'elle puisse nous fournir les éléments capables de guider notre raison dans la connaissance du principe qui doit régir la matière, il faudrait qu'elle soit complète, c'est-à-dire qu'elle comprenne : l'étude des phénomènes psychologiques qui accompagnent dans les différents pays la procréation de l'enfant naturel, en tenant compte des différences de mœurs, de religion, de caractère; l'étude statistique du nombre des enfants naturels, comparé à celui des naissances légitimes; bien d'autres questions, entre autres celle de la mortalité relative des enfants naturels, de leur avenir, de leur situation par rapport à la criminalité, du sort réservé à la mère.... etc. Les documents font défaut pour se livrer à l'étude complète de toutes ces questions, et incomplète, cette étude ne pourrait que nous induire en erreur. Nous nous bornerons donc à étudier la question de la recherche de la paternité en France et ce sera l'objet de notre travail.

Notre ancien droit français était un composé de droit romain, de droit canon, de coutumes germaniques; nous tâcherons de découvrir quels étaient les principes reçus dans ces différentes législations, au sujet de la question qui nous occupe.

Pour justifier l'interdiction de la recherche de la paternité, on a prétendu que cette recherche, ayant été admise, a donné lieu à des abus; que c'est une expérience faite, qu'il n'y a pas lieu de la recommencer : nous verrons ce que nous devons penser de cette affirmation; si le principe de la recherche de la paternité est défectueux en lui-même, s'il n'a produit de mauvais résultats qu'à raison de l'application abusive qui en a été faite.

Nous exposerons, au cours de notre travail, l'interprétation de l'art. 340 par la doctrine, son application par la jurisprudence, et nous examinerons la question de savoir si les efforts qui ont été tentés pour le rayer de notre Code civil peuvent se justifier.

Nous ne séparerons pas de l'étude de la recherche de la paternité naturelle, celle des effets de cette paternité reconnue ou judiciairement constatée : ces deux questions sont solidaires. Le mariage est la base de toute société civilisée; le législateur doit éviter avec soin toute disposition de nature à en compromettre la prédominance; il est nécessaire que la condition sociale de l'enfant, issu de l'union libre, soit inférieure à celle de l'enfant qui doit la vie à l'union légitime; pour obtenir ce résultat, notre ancien droit français ne connaissait qu'un moyen : n'accorder à la filiation naturelle que des effets restreints, réserver toutes ses faveurs à la filiation légitime, mais permettre par tous moyens, d'établir l'une et l'autre.

Le droit nouveau a jugé bon d'innover sur ce point; il accorde à la filiation naturelle des effets presque aussi étendus qu'à la filiation légitime, mais ces effets sont essentiellement subordonnés à la volonté du père, qui, s'il le juge à propos, peut considérer son enfant comme un étranger et lui refuser même un morceau de pain : Nous aurons à nous prononcer sur la question de savoir si cette innovation a produit les bons résultats qu'on en attendait; si l'interdiction de la recherche de la paternité est rationnelle, utile, nécessaire même, comme on l'a prétendu, au maintien du bon ordre social.

CHAPITRE PREMIER

La recherche de la paternité naturelle en droit romain et dans notre ancien droit français.

§ 1. — *Droit romain.*

« Il faut toujours remonter au droit romain et ne remonter que là quand on veut connaître l'origine de notre civilisation juridique occidentale[1]. » Nous devons toujours remonter au droit romain, étant donnée l'influence considérable, prédominante qu'il a exercée sur notre législation antérieure au Code civil, nos pères en reconnaissaient l'autorité et l'appelaient volontiers : raison écrite ; c'est à lui que l'on avait recours toutes les fois que se présentait une question sur la solution de laquelle les Coutumes étaient muettes. Nous ne devons remonter que là, si nous considérons le soin tout particulier que prenaient les Romains de s'approprier toutes les institutions qu'ils admiraient chez les peuples soumis à leur domination ; leur législation est une résultante de toutes les législations antérieures.

Nous n'aurons pas à nous arrêter longtemps à la première époque du droit romain ; à l'origine, en effet, l'organisation de la société romaine était tellement différente de la nôtre, que nous y chercherions vainement les règles qui ont inspiré nos législateurs. Le mot *familia* avait un sens beaucoup plus étendu que de nos jours le mot « famille »

(1) *De la recherche et des effets de la paternité naturelle*, par M. Raoul de la Grasserie.

il désignait la maison, et dans cette maison les personnes et les choses; chaque *familia* se rattachait probablement à un groupement plus important, la *gens*, et était ainsi revêtu d'un caractère tout politique : Rome était une confédération de familles. A la tête de chaque *familia* se trouvait le chef, le *paterfamilias*; il n'est pas forcément le père, celui qui a engendré, il est le maître, le souverain; sur les personnes il a la *potestas*, sur les choses le *dominium*. Un orphelin, qui ne dépend de personne, est *paterfamilias*, il est maitre de sa maison, *in domo habet dominium*, il est le gardien des *sacra privata*, ces divinités domestiques auxquelles les vieux Romains attachaient un si grand prix.

Si le *pater* se marie, les enfants issus de cette union ne tomberont sous sa puissance que s'il le veut bien. On raconte qu'au début l'enfant, dès sa naissance, était présenté au père; s'il le prenait dans ses bras, *si suscipiebat*, l'enfant tombait sous sa puissance, sinon on l'exposait. D'un autre côté, il pouvait admettre des étrangers dans la famille, et leur donner la qualité d'enfants légitimes. La loi des XII tables n'accordait de droits successoraux qu'aux *agnati*, aux *sui*, aux *gentiles*, et ces personnes étaient celles soumises à la même *patria potestas*, quelles que soient les circonstances qui les aient placées dans cette situation. Plus tard, le droit d'exposition fut aboli, mais le père ne put jamais être contraint à considérer comme sien un enfant né en dehors des *justæ nuptiæ*; l'aurait-il voulu, il ne lui eût pas été possible de le faire, la paternité ne pouvant résulter que des *justæ nuptiæ*. Au contraire, la mère si elle n'était unie à ses enfants par aucun autre lien civil, ne se rattachait à eux que par les liens du sang; la maternité était purement naturelle, établie par le seul fait de la naissance, et par conséquent devait être toujours la même, qu'elle provienne ou non *ex justis nuptiis*.

Nous voyons bientôt apparaître à côté des *justæ nuptiæ*, d'autres unions : le *contubernium*, le *matrimonium injustum* ou *sine connubio*, le *concubinatus*. Des deux premiers nous ne dirons rien : le *contubernium* était l'union des esclaves ; le *matrimonium injustum*, appelé aussi *matrimonium juris gentium* ou *matrimonium sine connubio*, était l'union de personnes libres dont l'une au moins n'était pas romaine. Ces deux unions étaient la conséquence d'un état social qui n'existe plus de nos jours : l'esclavage ne déshonore plus nos sociétés modernes ; même à Rome le *matrimonium sine connubio* n'eut plus sa raison d'être à partir de la constitution de Caracalla qui donnait le *jus civitatis* et par là même le *connubium* à tous les sujets de l'Empire. Si le *contubernium* et le *matrimonium sine connubio* ne présentent plus pour nous qu'un intérêt purement rétrospectif, il n'en est pas de même du *concubinatus* ; en passant à travers les siècles, il a pu se modifier, changer de nom, être soumis à des règles différentes, mais son principe, sa raison d'être resteront immuables tant que l'humanité existera, comme toute chose basée sur la faiblesse humaine. Le *concubinatus* à Rome était-il différent de ce que nous appelons aujourd'hui le concubinage? Était-ce une union, inférieure il est vrai aux *justæ nuptiæ*, mais cependant reconnue et réglée par la loi, produisant des effets civils, comme semblerait l'indiquer le titre VII du livre XXV au Digeste, intitulé *de concubinis*? Cette question a été, et est encore aujourd'hui l'objet d'une controverse. Suivant une opinion soutenue par MM. Giraud, Accarias, le *concubinatus*, au moins depuis Auguste, aurait été une sorte de mariage inférieur, ἡμιγάμια, qui sans produire tous les effets des *justæ nuptiæ*, sans donner notamment à la concubine l'*individua vitæ consuetudo*, sans la rendre *socia divinæ domus*, créait un lien légal entre le père et les enfants. Une autre opinion ne veut voir dans le *concubinatus* qu'une simple union de fait dépourvue d'effets civils propres : sous Auguste, disent les auteurs qui la soutiennent, plusieurs lois, dites Caducaires, furent rendues dans le but de combattre le désordre des mœurs, entre autres la loi *Julia de adulteriis* qui punissait, sous le nom de *stuprum*, les liaisons hors mariage présentant, à raison des circonstances qui les accompagnaient, un caractère criminel ; celles, au contraire, qui étaient tolérées, étaient connues sous le nom de *concubinatus* et c'est pour cela que les textes en font mention. Cette opinion fut soutenue en 1880 par M. Gide à l'Académie des sciences morales. Quel que soit le parti que l'on prenne dans cette controverse, on est obligé de convenir que si les lois Caducaires n'élevaient pas le concubinat au rang d'une union légale, il n'en était plus de même sous le Bas-Empire ; à cette époque, en effet, nous trouvons des textes qui accordent certains avantages aux *liberi naturales* qui sont ainsi placés dans une situation meilleure que celle des *spurii* et des *vulgo concepti*. Novelle XVIII, chap. V *de concubinis et naturalibus liberis, quomodo hi ab intestato succedunt*. Novelle LXXXIX, chap. XII *de successione omnium naturalium filiorum*. Le concubinat, s'il ne l'était pas déjà, devient alors un véritable *inæquale matrimonium*, une *legitima conjunctio sine honesta celebratione matrimonii*, la preuve en est qu'il fut aboli par Léon le philosophe en 887 (1). Les constitutions impériales,

(1) *Imp. Leonis. const. XCI, ut concubinam habere non liceat.*

avons-nous dit, distinguaient les *liberi naturales* des *spurii* et *vulgo concepti*, elles créaient un lien légal entre les premiers et leur père. Des dispositions d'abord transitoires, devenues permanentes sous Justinien, permettent à leur père de les légitimer; ils avaient un véritable droit de succession consacré par la Novelle XVIII (*loc. cit.*). Cette même Novelle XVIII limite leur droit de recevoir à titre gratuit «... *testari naturalium filiorum patribus etiam ipsis dedimus, legitima quidem existente prole, usque ad unam solam unciam quam habebunt una cum matre*; (*hoc quod etiam prius fuit*), *filiis quidem non existentibus legitimis, usque ad medictatem totius substantiæ*... » Ces limites posées à la faculté de tester en faveur des *liberi naturales* n'étaient d'ailleurs qu'un adoucissement des rigoureuses dispositions de Constantin et d'autres empereurs chrétiens. Lisons une constitution de Constantin, datée de Carthage, qui nous montre la sévérité de l'empereur à l'égard des *spurii* ou *vulgo concepti*, et en même temps établit bien qu'il existait un lien légal entre le père et l'enfant conçu en dehors des *justæ nuptiæ*; elle forme la loi 1 au Code, livre V, titre XXVII : « *Senatores et præfectos, vel quos in civilitatibus duumvirilitas, vel sacerdotii, id est Phæniciarchiæ vel Syriarchiæ ornamenta condecorant; placet maculam sibi infamiæ et alienos a Romanis Legibus fieri, si ex ancilla, vel ex ancillæ filia, vel liberta, vel libertæ filia, vel scenica, vel scenicæ filia, vel tabernaria, vel tabernariæ filia, vel humili, vel abjecta persona, vel lenonis vel arenarii filia, vel quæ mercimoniis publice præfuit, susceptos filios in numero legitimorum habere voluerint, aut proprio judicio, aut nostri prærogativi rescripti*; *ita ut quicquid talibus liberis pater donaverit* (*seu illos legitimos seu naturales dixerit) totum retractum legitimæ soboli reddatur, aut fratri, aut sorori, aut patri, aut matri... Sive itaque per ipsum donatum est, qui pater dicitur, vel per alium, sive per interpositam personam, sive ab eo emptum, vel ab alio, sive ipsorum nomine comparatum : statim retractum reddatur quibus jussimus; aut si non existant, fisci juribus vindicetur.* » Cette constitution ne parle que de cas particuliers; elle est muette sur le sort des enfants nés *ex concubinatu;* il est difficile d'expliquer les mots (*seu illos legitimos, seu naturales dixerit*), si l'on n'admet pas qu'il existât des rapports légaux entre le père et le *liber naturalis*; sans doute ici la déclaration faite par le père, que l'enfant qu'il veut avantager est son *liber naturalis*, ne produit aucun effet; pas plus d'ailleurs que n'en eût produit la déclaration que cet enfant est son *liber legitimus*, puisqu'il s'agit de relations qui constituent le *stuprum*; mais si, au lieu de femmes de mœurs mauvaises, ou réputées telles, avec qui l'empereur ne veut pas que les personnages illustres, mentionnés dans le texte, aient des relations, il s'était agi de femmes honnêtes, il en eût été autrement; et Constantin n'aurait évidemment pas pris la peine de prévoir les deux cas : celui où le père aurait voulu légitimer son enfant, et celui où il aurait simplement voulu le déclarer son *liber naturalis*, si ce dernier cas n'avait pas correspondu à un état de choses existant. Il est probable qu'une autre constitution réglait les conditions dans lesquelles on pouvait tester en faveur des *liberi naturales ex concubinatu,* car nous trouvons dans la Novelle LXXXIX, ch. XII, *principium* « ... *Valenti siquidem et Valentiniano, et Gratiano divæ memoriæ primis placuit humanum aliquid agere circa naturales.* »

Puisque Valens, Valentinien et Gratien firent quelque chose, c'est qu'il y avait quelque chose à faire, c'est que Constantin ou un autre empereur avait limité dans des proportions rigoureuses la liberté de disposer en faveur des enfants naturels. Justinien, dans sa Novelle LXXXIX, détermine la situation des enfants naturels; il écarte les enfants incestueux et adultérins auxquels il refuse le nom de *liberi naturales* : « *Primum quidem omnis qui ex complexibus (non enim hoc vocamus nuptias) aut nefariis, aut incestis, aut damnatis processerit, iste neque naturalis nominatur, neque alendus est a parentibus, neque habebit quoddam ad presentem legem participium.* » Nov. LXXXIX, cap. XV *princ.* A l'égard des *liberi naturales*, voici quelles sont les dispositions de la Novelle LXXXIX : A défaut d'enfants légitimes, le père pouvait disposer en leur faveur et en faveur de leur mère de la totalité de ses biens, en réservant toutefois la part des ascendants : « *Si vero filios non habuerit, quispiam legitimos, aut quenquam ascendentium quibus necessitas est legis relinquere partem propriæ substantiæ, competentem; testatori licentia sit etiam in duodecim uncias scribere filios naturales heredes, et dividere inter eos quocumque voluerit modo res, et per donationes et simplices, aut ante nuptiales...* » Cap. XII, § 3, Nov. cit. Si le père laissait des enfants légitimes, en même temps que des enfants naturels, ceux-ci ne pouvaient recevoir qu'un douzième de sa fortune. Cap. XII *princ.*, Nov. cit. Les *liberi naturales* étaient même appelés à la succession *ab intestat*: si le *de cujus* ne laissait ni épouse légitime, ni postérité légitime, leur droit s'élevait à un sixième de la succession : « *Si quis autem defunctus fuerit legitima ei sobole non extante, neque legitima conjuge, deinde moriatur non disponens de substantia sua..., alimentum damus eis et intestatis parentibus defunctis duas paternæ substantiæ uncias habere, cum matre partiendas, quanticumque fuerint filii : ut unius filii portionem mater accipiat.* » Cap. XII, Nov. cit., § 4. Dans le cas contraire, si le *de cujus* laissait une femme légitime ou une postérité légitime, les *liberi naturales* n'avaient droit qu'à des aliments : « *Si quis autem, habens filios legitimos, relinquat et naturales, ab intestato quidem nihil eis existere omnino volumus : pasci vero naturales a legitimis volumus, ut decet eos secundum substantiæ mensuram a bono viro arbitratam...* » Cap. XII, Nov. cit., § 6. Les mêmes droits étaient accordés au père dans la succession de l'enfant : « *In quibus autem casibus naturales filios vocavimus ad successionem, in iis quoque et ipsi decentem naturalibus patribus devotionem servent : eademque mensura sicut parentes prospiciunt naturalibus filiis secundum nostram legem, et ipsi parentibus compensent sive in successionibus sive in alimentis, sicut superius sancivimus.* » Cap. XIII, Nov. cit. Tel est le *concubinatus* depuis Justinien jusqu'à Léon qui l'abolit en 887, comme nous l'avons vu; il est lui-même un moyen terme entre les *justæ nuptiæ* et ce que Justinien appelle *complexus*; il crée une classe d'enfants, les *liberi naturales*, qui tiennent le milieu entre les enfants légitimes et les *vulgo concepti*. Les Romains ont eu conscience de l'impossibilité pour le législateur d'empêcher les relations en dehors des *justæ nuptiæ*; quand elles ne constituaient pas de véritables crimes, à raison des circonstances dans lesquelles elles se contractaient, les lois les reconnurent et les déclarèrent permises. Justinien appelle la concubine une maîtresse reconnue par la loi :

γνωριζομενὴ τῷ νόμῳ παλλακή [1]. La filiation maternelle, nous l'avons vu, était au début purement naturelle, même dans les *justæ nuptiæ*; l'enfant était donc toujours dans la même situation à l'égard de sa mère, qu'il soit ou non le fruit du mariage; les enfants naturels étaient traités comme les enfants légitimes; le sénatus-consulte Orphitien accorde à tous des droits dans la succession de leur mère : « *Per contrarium autem, ut liberi ad bona matrum intestatarum admittantur, senatusconsulto Orphitiano, Orphito et Rufo consulibus, effectum est, quod latum est divi Marci temporibus; et data est tam filio quam filiæ legitima hereditas, etiamsi alieno juri subjecti sunt, et præferuntur consanguineis et adgnatis defunctæ matris.* » (Inst. lib. III, tit. VI, de *senatusconsulto Orphitiano*). Les *liberi* dont il est question dans le sénatus-consulte sont les enfants en général, c'est-à-dire les enfants légitimes, les *liberi naturales*, et aussi les *vulgo concepti*, pourvu qu'ils soient citoyens romains et ingénus [2]. La situation des enfants naturels, vis-à-vis de leur mère, ne fut modifiée que sous Justinien, et encore seulement dans un cas spécial. Le droit qui leur était reconnu de succéder à leur mère par le sénatus-consulte Orphitien resta intact, sauf pour les *vulgo concepti*, issus d'une femme *illustris;* Justinien constate qu'il existait une controverse sur le point de savoir si les enfants légitimes d'une telle femme devaient subir le concours des *vulgo concepti*; il tranche la question en faveur des enfants légitimes : « *Si qua illustris mulier filium ex justis nuptiis procreaverit, et alterum spurium habuerit, cui pater incertus sit :*

(1) Accarias, *Précis de droit romain,* t. I, p. 249.
(2) Accarias, *op. cit.*, t. I, p. 1204.

quemadmodum res maternæ ad eos perveniant sive tantummodo ad liberos justos, sive etiam ad spurios dubitabatur; Sancimus itaque, ut neque ex testamento neque ab intestato, neque ex liberalitate inter vivos habita, justis liberis existentibus, aliquid penitus ab illustribus matribus ad spurios perveniat; cum in mulieribus ingenuis et illustribus (quibus castitatis observatio præcipuum debitum est) nominari spurios, satis injuriosum, satisque acerbum, et nostris temporibus indignum esse judicemus. » Cod. lib. VI, t. LVII, l. V.

Tout comme dans notre législation actuelle, les femmes auraient donc eu à Rome (sauf dans le cas où un intérêt aristocratique du plus mauvais aloi plaidait en leur faveur) la charge exclusive des enfants naturels, si l'institution du *concubinatus* n'était pas venue adoucir la situation qui leur était faite, en donnant un père certain aux enfants qui en étaient issus; la loi romaine ne connaissait ni la reconnaissance volontaire, ni la reconnaissance forcée, mais elle y suppléait en tenant aux hommes à peu près ce langage : « Si la femme avec laquelle vous désirez entretenir des relations est de votre condition, de votre rang social, contractez avec elle les *justæ nuptiæ*; si elle est de condition inférieure à la vôtre, vivez avec elle *in concubinatu,* mais quel que soit le parti que vous preniez, je vous déclare père certain des enfants que cette femme mettra au monde. Je vous interdis toute autre union. »

En étudiant les dispositions de la loi française, nous verrons que les enfants naturels reconnus sont aujourd'hui, à des différences de détail près (consistant notamment en une portion plus forte de la succession de leurs parents qui leur est attribuée), ce qu'étaient les enfants issus du *concubinatus*. Si le Code civil ne donne pas une dénomination propre aux relations existant entre un homme et une femme qui ont reconnu leurs enfants naturels, pour les distinguer de celles qu'ont entretenues les parents qui n'ont pas reconnu leurs enfants, il attribue à la reconnaissance des enfants naturels des effets analogues à ceux que la loi romaine accordait au *concubinatus*. Nos législateurs se sont évidemment inspirés du droit romain en réglant la situation des enfants naturels reconnus, mais le *concubinatus* avait disparu et ils ne l'ont pas rétabli ; il est pourtant, selon nous, la condition nécessaire d'une législation qui interdit la recherche de la paternité.

§ 2. — *Ancien droit français.*

Dans cette partie de notre travail nous nous attacherons plus spécialement à connaître la condition des enfants naturels, et la recherche de la paternité naturelle dans la dernière période de notre droit ancien, antérieure à la loi du 12 brumaire an II. C'est à cette période qu'appartenait la fameuse maxime : *Creditur virgini parturienti*, si souvent et si violemment attaquée dans les séances du Conseil d'Etat, du Corps Législatif et du Tribunat, consacrées à l'élaboration de notre art. 340. Il est, pour nous, très intéressant de savoir ce qu'étaient les scandales, auxquels, dit-on, l'application de la règle *creditur*... donna lieu. Mais auparavant nous devons dire quelques mots des solutions admises sur la question de la recherche de la paternité et de l'état des enfants illégitimes dans les différents éléments législatifs dont se composait notre ancien droit français.

Lorsque les Francs vinrent s'établir dans la Gaule, ce pays était régi par le droit romain qui continua à y exercer une grande influence ; les vainqueurs, de leur côté, y apportèrent leurs coutumes germaniques, un troisième élément servit de trait d'union entre les Romains et les Francs : l'Eglise, régie par le droit canonique. Nous venons de voir quelle était la solution romaine; il nous reste à rechercher les systèmes du droit canonique et des coutumes germaniques.

Droit canonique. — L'Eglise n'admet pas, comme le faisait la loi romaine, de distinctions résultant des différentes situations sociales. Pour elle, point de personnes « illustres, » comme aussi point d'esclaves; au sujet de cette égalité qui devait régner entre tous les chrétiens, le pape Jules Ier s'exprimait en ces termes : « *Omnibus nobis unus est Pater in cœlis, et unusquisque dives et pauper liber et servus æqualiter pro se et pro animabus eorum rationem reddituri sunt. Quapropter omnes, cujuscumque conditionis sint, unam legem habere non dubitamus.* » Une pareille doctrine est la condamnation du *concubinatus,* basé sur la différence de condition sociale. Qu'ils soient pauvres, qu'ils soient riches, qu'ils soient ingénus, qu'ils soient esclaves, tous doivent être unis d'après le même rite, et la même union doit produire, pour tous, les mêmes effets. Sans doute, l'Eglise ne réussit pas à faire admettre immédiatement ses principes; les propriétaires d'esclaves se refusèrent longtemps à admettre que leurs *servi* une fois unis par le mariage, l'étaient par un lien aussi indissoluble que deux citoyens unis en *justæ nuptiæ*.

Pour le *concubinatus*, il en fut de même, et l'on a prétendu qu'à une certaine époque l'Eglise en a reconnu la validité.

Pour soutenir cette assertion on a invoqué une proposition admise au concile de Tolède : « *Si quis non habet uxorem, et pro uxore concubinam habet, a communione non repellatur; tamen ut unius mulieris sit conjunctione contentus.* » Le texte n'a pas pour but de trancher la question de savoir si le *concubinatus* doit ou non être admis; il règle une simple question de peines : faut-il frapper d'excommunication les personnes qui vivent en *concubinatus*? Non, répond le concile, cette peine doit être réservée pour des cas plus graves, tels, par exemple, que la bigamie, l'inceste, l'adultère, la pluralité des concubines. Mais il n'y a là aucune preuve que l'Eglise se soit montrée tolérante pour le concubinat. D'ailleurs, la controverse ne porterait-elle pas sur une équivoque; si, par « concubinat » on entend le concubinat romain, nous disons que l'Eglise n'avait pas à condamner cette union; véritable mariage de droit naturel, elle peut fournir la matière du sacrement : il suffira que les époux se procurent, à cet effet, la bénédiction du prêtre. M. Gide fait remarquer que sur la tombe d'aucune femme chrétienne il n'est fait mention qu'elle ait été la concubine d'un homme; quelle qu'ait été l'humilité de sa condition, elle est invariablement qualifiée d'épouse. Cela peut s'expliquer aisément : jamais chrétienne n'a dû consentir à vivre en *contubernium* ou en *concubinatus* sans avoir fait bénir son union par un prêtre. Dès lors, aux yeux des chrétiens, elle n'était pas, comme aux yeux des païens, une simple concubine, mais une véritable épouse. C'est pourquoi, même après sa mort, elle était honorée du titre d'*uxor* (Gide, *Etude sur la condition privée de la femme*). L'Eglise n'autorise donc jamais le *concubinatus*, c'est-à-dire qu'elle n'admet pas deux sortes d'union. *Nulli licet scire mulierem præter uxorem*, dit saint Ambroise; mais elle bénit indistinctement les *justæ nuptiæ*, le *concubinatus*, le *conturber-*

nium, quand elle y voit un mariage légitime, consacré par la main du prêtre, sans prendre garde aux différences que l'orgueil et la tyrannie ont établies entre les hommes. Elle ne pouvait admettre la solution adoptée par la législation romaine, relativement à l'état des enfants naturels; pour elle, étaient légitimes, tous les enfants issus du mariage chrétien béni par le prêtre; étaient illégitimes tous ceux qui, au contraire, provenaient d'une union, fût-elle les *justæ nuptiæ*, qui n'avait pas été bénie; mais tous pouvaient rechercher leur filiation paternelle, quelle que fût la tache de leur naissance. L'Eglise reconnaissait bien que le scandale ne vient pas de l'exercice d'un droit qu'on ne saurait refuser à l'enfant sans injustice; il est causé uniquement par le dérèglement des parents qui, quels qu'ils soient, doivent assurer à l'enfant la conservation de la vie qu'ils lui ont donnée. Les aliments sont dus aux enfants illégitimes; c'est ce que décide le canon : *Cum haberet, de eo qui duxit in matrimonium...*, obligeant le père et la mère, chacun en proportion de ses facultés, à fournir le nécessaire à l'enfant.

Lorsque la filiation est contestée, l'enfant est admis à en faire la preuve par la possession d'état, à prouver que sa mère a cohabité avec celui qu'il prétend son père, vers l'époque correspondant au moment de sa conception, qu'il est né dans la maison de son prétendu père. La mère pourra être appelée à donner des indications sur la paternité du défendeur, mais le droit canonique la tient en défiance et n'ajoute foi à ses déclarations qu'autant qu'elles concordent avec les circonstances de la cause (Canon : *Per tuas, de probationibus...*)

L'Eglise n'accordait aux enfants naturels que des aliments; elle ne leur reconnaissait pas le droit de succéder *ab intestat* : elle avait trop à cœur de maintenir la prédominance exclusive du mariage pour assimiler à ce point la filiation illégitime à celle qui résultait de l'union chrétienne : la filiation naturelle ne produisait, en droit canonique, que les effets strictement nécessaires pour conserver la vie de l'enfant.

Coutumes germaniques. — Nous ne nous attacherons pas à rechercher quelles étaient les lois de chacune des tribus germaniques, nous nous bornerons aux principes généraux admis chez les Germains et en particulier chez les Francs. Les Germains étaient monogames, sauf un petit nombre de grands qui prenaient plusieurs femmes, non par esprit de débauche, mais parce que plusieurs familles ambitionnaient leur union (Tacite : *De moribus Germanorum*).

Tacite nous présente les mœurs germaines comme très pures ; nous ne devons pas, toutefois, perdre de vue qu'il avait pour but, en faisant l'éloge des femmes germaines, de blâmer les mœurs des Romains. Une différence très marquée existe chez les Germains entre le mariage légitime et les unions naturelles ; jamais, à l'honneur de ces peuples, leurs lois n'ont reconnu le concubinat comme une institution légale [1].

On a prétendu que les Francs assimilaient les enfants naturels aux enfants légitimes ; les rois francs, il est vrai, ne distinguaient pas entre leurs enfants légitimes et leurs enfants naturels ; cette coutume persista même après Charlemagne, et ne fut prohibée formellement que sous Hugues Capet ; mais nous venons de constater que les chefs prenaient souvent plusieurs femmes, aussi nous ne devons pas

(1) Kœnigswarter, *Organisation de la famille en France depuis les temps les plus reculés.*

voir dans le fait des enfants naturels concourant avec les enfants légitimes à la succession du roi, une preuve que les Francs assimilaient la filiation naturelle à la filiation légitime : ce n'était là qu'une disposition exceptionnelle, admise probablement pour la raison indiquée par Tacite, et aussi pour éviter que la race royale ne vînt à s'éteindre.

A Rome, l'enfant né en dehors des *justæ nuptiæ* suivait toujours la condition de sa mère ; chez les Germains, il en était autrement ; l'enfant suivait le sort de celui de ses parents qui avait la pire condition ; cette règle a donné lieu à l'application du principe : « en formariage, le pire emporte le bon, » que nous trouvons dans les Institutes coutumières de Loisel, liv. I, tit. I-XXV.

Les Germains n'avaient donc pas, comme les Romains et notre Code civil, chargé la mère exclusivement de l'entretien et de l'éducation de l'enfant naturel ; le père devait y contribuer et, par conséquent, pouvait être recherché : ils n'avaient pas, d'ailleurs, pour la femme, cette sorte de défiance, presque de mépris, que lui témoignaient les Romains, qui considéraient la femme comme un être faible, incapable de veiller à ses propres intérêts, et dont tout était à craindre ; les Germains, au contraire, respectaient la femme ; ils ne dédaignaient pas ses conseils ; bien souvent, ils l'élevèrent aux plus hautes dignités ; ils avaient pour elle un culte véritable qui fut plus tard appelé chevalerie.

L'enfant naturel n'avait aucun droit dans la succession *ab intestat* de ses parents ; il ne pouvait recevoir de son père aucune portion de biens au détriment de ses frères légitimes (Kœnigswarter, *Op. cit.*).

Tels étaient les différents éléments qui composaient notre ancien droit français. D'une part, le droit romain, qui admettait le *concubinatus* à côté des *justæ nuptiæ*, et qui, ainsi, attribuait un père certain aux enfants qui en étaient issus, restreignant de la sorte le nombre des enfants qui ne pouvaient nommer leur père. Le droit canonique et les coutumes germaniques qui n'admettaient pas le *concubinatus*, et qui permettaient à l'enfant naturel de rechercher son père.

Ces différents éléments produisirent notre ancien droit français en se fusionnant; nous allons essayer de donner un aperçu de son dernier état, c'est-à-dire de la législation en vigueur au moment où la Révolution de 1789 éclata, de celle qui fut abolie par le droit intermédiaire, et définitivement remplacée par le Code civil de 1804.

Législation immédiatement antérieure à la Révolution de 1789. — Nous en trouvons un exposé dans le *Traité de la séduction* de M. Fournel (Paris, 1781), qui contient, nous dit son auteur, « les principes, les décisions » et les autorités relatives à la séduction des femmes. » C'est un véritable traité de la recherche de la paternité.

Une fille abusée peut poursuivre l'auteur de son déshonneur, et exiger de lui la réparation du préjudice qui lui a été causé.

Tout d'abord quelle est la nature de l'action qui appartient à la fille? Résulte-t-elle d'un délit? Évidemment non; ce ne pourrait être qu'un délit privé, donnant naissance à l' « action en injures, » inadmissible ici, car : *Volenti non fit injuria.* Est-elle la conséquence d'un pacte? Pas davantage : les pactes *ob turpem causam* sont nuls, et « ce serait un pacte honteux que celui par lequel » une fille s'abandonnerait à son séducteur, en contemplation d'une récompense pécuniaire qui la dédommagerait des suites de ce sacrifice. » M. Fournel voit la source de l'action qui appartient à la fille dans une convention tacite par laquelle elle ne céderait qu'à la condition pour son séducteur de réparer par le mariage le dommage qu'il lui cause : « *Virgo non est existimanda adeo fatua, ut virginitatem suam sine promissione matrimonii, amasio velit tribuere, cum puellarum omnium votum sit se in matrimonio collocare.* » Lorsque la fille, devenue enceinte, ne trouve plus son séducteur disposé à remplir la condition sous laquelle elle est réputée s'être livrée à lui, elle ne peut évidemment pas le contraindre à exécuter sa promesse, c'est-à-dire à l'épouser, car le mariage doit être libre, mais elle a une action en dommages et intérêts résultant de l'inexécution de la promesse ; il s'agit donc ici d'un contrat *facio ut facias,* donnant lieu à une *actio civilis in factum præscriptis verbis.* De ce principe, que l'action accordée à la fille a sa source dans une promesse présumée de mariage, M. Fournel tire immédiatement cette conséquence que l'action devra être refusée toutes les fois qu'il sera impossible d'admettre la présomption ; elle ne sera d'ailleurs admise qu'en cas de grossesse. L'action en dommages et intérêts au profit de la femme est distincte de celle en demande d'aliments au profit de l'enfant : l'une de ces actions peut être intentée indépendamment de l'autre comme toutes deux peuvent faire l'objet de la même instance : elles sont l'une et l'autre purement civiles.

L'action appartient évidemment à la fille majeure enceinte des œuvres d'un majeur ; tous deux ont, en effet, capacité pour contracter mariage, et il est tout naturel de présumer cette convention. Mais il n'en est pas de même de la fille mineure ; elle ne peut se marier sans le consentement de ses parents, aussi leur assistance sera nécessaire pour qu'elle puisse valablement demander des dommages-intérêts; une fille majeure ne pourra pas non plus poursuivre le mineur qui l'a abusée; elle n'a pu, en effet, espérer un mariage avec un individu incapable de le contracter sans le consentement de ses parents; « tout ce que » la fille majeure peut obtenir de plus favorable, c'est que » le mineur soit chargé de l'éducation de l'enfant. »

L'action en dommages et intérêts n'appartient qu'à la femme honnête; elle ne saurait être accordée à la fille à qui la légèreté de ses mœurs ne permet pas de se plaindre de son déshonneur. Si la femme séduite, puis abandonnée, est mineure, ses père, mère et tuteur pourront agir en son nom. La femme majeure a naturellement qualité pour agir seule : ses héritiers pourront également continuer l'action si elle est déjà engagée au décès de la femme.

L'action en dommages-intérêts doit être intentée contre l'auteur de la grossesse; si ce dernier est mineur, elle n'aboutira pas à une condamnation, nous l'avons déjà dit, car on ne peut présumer qu'il ait fait une promesse de mariage qu'il était incapable d'accomplir; pour la même raison, la fille séduite ne pourra pas demander des dommages et intérêts contre tous ceux qui, par leur situation, sont incapables de lui promettre le mariage, tels que : les hommes mariés, les gens d'église, les individus en état d'interdiction ou de démence; elle ne pourra pas non plus en demander aux père, mère et tuteur du mineur, pour cette raison que les père, mère et tuteur ne sont point tenus de remplir les conventions passées par les mineurs dont ils ont la garde, pas plus, d'ailleurs, que les maîtres et supérieurs à l'égard de leurs domestiques, compagnons, apprentis et commis subalternes. Les héritiers de l'auteur de la grossesse ne sont tenus de l'action en dommages et intérêts que si cette action a été intentée du vivant du séducteur.

Un édit de Henri II rendu au mois de février 1556 disposait : « Que toute femme qui se trouvera convaincue d'avoir recélé tant sa grossesse que son accouchement, sans avoir déclaré l'un ou l'autre et avoir pris de l'un et de l'autre témoignage suffisant, même de la vie ou de la mort de son enfant, qui après se trouve avoir été privé tant du saint sacrement de Baptême, que sépulture publique et accoutumée, soit telle femme, tenue et réputée d'avoir homicidé son enfant et, pour réparation, punie de mort et dernier supplice, et de telle rigueur, que la qualité particulière du cas le méritera, afin que ce soit exemple à tous, et que ci-après n'y soit fait aucun doute ni difficulté. » Quelques praticiens, nous dit Fournel, en ont conclu que la femme avant de poursuivre son séducteur, devait faire une déclaration de sa grossesse, mais cette opinion ne saurait être admise; l'édit de Henri II n'exige aucune déclaration judiciaire, et n'a fixé aucun délai pour remplir les formalités qu'il prescrit. D'ailleurs Fournel ajoute que cette déclaration, si elle a eu lieu, n'influe en rien sur l'attribution de la paternité : « Il est d'usage dans quelques endroits, de la part des officiers publics qui reçoivent une déclaration, de faire prêter serment à la fille, mais c'est sans aucun droit. La fille peut se refuser à cette formalité, qui d'ailleurs n'ajoute aucune force à la déclaration. En effet, il ne faut pas croire que la déclaration de grossesse soit entre les mains de la fille enceinte un titre contre celui qu'elle charge. On sait assez qu'il n'est permis à personne de se faire un titre : *Omnibus in re propria dicendi testimonium facultatem jura submoverunt...* La déclaration renouvelée dans les douleurs de l'enfantement ne fournit pas contre l'accusé un titre plus puissant ; ce n'est qu'une simple présomption qui a besoin d'être soutenue par des preuves de cohabitation. »

On ne saurait répondre d'une façon plus catégorique à ceux qui prétendent que notre ancien droit déclarait père de l'enfant celui qu'indiquait sous la foi du serment une fille quelle qu'elle soit, en vertu de la maxime du président Favre : *Creditur virgini parturienti.* M. Fournel nous indique d'ailleurs l'étendue d'application que comportait cette maxime. Lorsqu'une femme indigente est accouchée, il faut assurer immédiatement le remboursement des dépenses que son état exige ; les frais de gésine et les provisions alimentaires seront dues par celui que la mère désignera : « La nécessité urgente d'expédier le provisoire ne permet pas aux juges de se livrer à l'examen du fond, ils se contentent pour le moment d'une simple présomption. » Voilà toute la portée de la maxime *Creditur virgini parturienti* : pourvoir aux besoins immédiats, mais d'une façon toute provisoire. Fournel ajoute : « Quelle que soit la provision accordée à la fille, et de quelque manière qu'elle ait été acquittée, elle ne forme aucun préjugé contre le défendeur ou l'accusé, le jugement ne lui enlève aucun de ses moyens pour impugner la paternité qu'on lui attribue, et dont la preuve continue d'être à la charge de la mère. Le prétendu père, s'il réussit à prouver le mal fondé de la demande, se fera restituer la provision qu'il aura payée ; d'ailleurs la fille qui accuse faussement un homme d'être l'auteur de sa grossesse s'expose à une action en diffamation » (Arrêt du Conseil supérieur de Colmar, 2 décembre 1738).

Il ne suffit donc pas que la mère affirme que tel homme est le père de son enfant, il faut qu'elle le prouve. Comment le fera-t-elle ? Trois espèces de preuves sont à sa disposition : 1° la preuve littérale, 2° la preuve conjecturale, 3° la preuve naturelle.

La preuve littérale consistera à faire valoir à l'appui de la demande, des lettres ou autres écrits émanés de l'accusé, contenant soit « L'aveu de la cohabitation charnelle, comme si l'accusé avait fait baptiser l'enfant sous son nom, et qu'il eût signé l'extrait baptistère, soit seulement qu'ils soient rédigés avec un style de familiarité, qui la fasse raisonnablement présumer. »

La preuve conjecturale est sans contredit la plus délicate, la plus dangereuse pour l'homme ; elle résultera d'une foule de circonstances de nature à prouver que l'accusé a été admis par la fille à des familiarités, qui établissent, sinon la certitude de sa paternité, du moins la possibilité de cette paternité, et qui permettent de tenir au père prétendu le raisonnement suivant : « Ou bien vous avez été le seul amant de la mère, et alors votre paternité est certaine, ou bien vous prétendrez que d'autres ont été admis aux mêmes faveurs que vous, et dans ce cas, si vous n'êtes pas certainement le père, il est possible que vous le soyez, car vous vous êtes exposé à l'être et l'on ne saurait être taxé d'injustice en vous en imposant les charges. » En examinant dans leurs détails les familiarités invoquées par la mère, les juges n'auront d'autres lois que leur conscience : « *Ex sententia animi tui te æstimare oportet, quid aut credas, aut parum probatum tibi opinaris.* » Fournel constate que la jurisprudence avait été au début trop favorable aux filles-mères invoquant ce mode de preuve, notamment lorsque la fille habitait sous le même toit que celui qu'elle désignait comme père de son enfant ; en ce cas l'accusé était présumé le père, et il devait, pour réduire à néant l'accusation, prouver que la fille avait eu un commerce illicite avec d'autres que lui ; mais depuis longtemps cette jurisprudence avait été abandonnée, et le fait de vivre sous le même toit qu'une fille ne faisait plus naître une présomption en faveur de celle-ci.

La preuve naturelle résulte de la ressemblance qui existe entre l'enfant et le prétendu père ; elle n'est d'aucune valeur si d'autres circonstances ne viennent pas la rendre plus forte ; elle doit, au contraire, être prise en grande considération dans le cas où la fille aurait déclaré sa grossesse avant l'accouchement, et, dans cette déclaration, désigné son séducteur, si l'on vient ensuite à reconnaître que l'enfant ressemble à l'homme désigné comme étant son père.

Tels sont les moyens par lesquels la fille-mère établira la filiation paternelle de son enfant, mais il ne s'ensuivra pas nécessairement que l'accusé soit condamné à des dommages et intérêts envers la mère ; il pourra opposer à la demande des exceptions tirées :

Du défaut de qualité active chez la fille mineure qui aura agi sans l'assistance de son tuteur.

De sa qualité de mineur, prêtre, marié, interdit, etc ; nous avons vu, en effet, que, dans ce cas, il est impossible de faire valoir en faveur de la fille la présomption d'une convention tacite, par laquelle le séducteur se serait engagé à réparer par le mariage le dommage à elle causé, et qui est la base de toute demande en dommages et intérêts.

De la prescription qui lui est acquise si la fille, devenue enceinte, a laissé écouler cinq années à compter du jour de son accouchement, sans former d'action contre l'auteur de sa grossesse.

D'une transaction passée entre lui et la fille, par laquelle celle-ci se serait engagée à renoncer à son droit de poursuite moyennant une certaine somme, ou certains avantages.

De l'inconduite de la demanderesse : c'est là, nous dit

Fournel, le moyen banal employé par ceux qui sont poursuivis en déclaration de paternité. Si la fille était de mœurs déréglées au moment de ses relations avec l'homme qu'elle accuse aujourd'hui, il est tout simple de présumer qu'il ne lui a pas été nécessaire de recourir à une promesse de mariage pour obtenir ses faveurs ; si, au contraire, la mauvaise conduite de la fille est postérieure à ce moment, c'est le propre fait de celle-ci qui lui fournit une légitime excuse de se refuser à l'accomplissement du mariage qu'il est présumé avoir promis.

Des offres qu'il aurait faites d'épouser la fille ; la demande en dommages-intérêts n'est en effet fondée que sur la rupture d'une promesse présumée de mariage ; du moment que le séducteur se présente pour faire honneur à sa promesse, il est quitte ; l'inexécution ne provenant plus de sa personne, il cesse d'en être responsable.

Nous avons dit que parallèlement à la demande en dommages et intérêts en faveur de la fille-mère, il existe une action tendant à donner au père prétendu la charge de l'enfant ; cette action est distincte de celle en dommages et intérêts ; elle n'a pas sa raison d'être dans l'inexécution d'une promesse présumée de mariage, mais dans l'obligation naturelle imposée au père de pourvoir à la nourriture et à l'éducation de son enfant. « Quoique la mère, nous dit Fournel, partage cette obligation naturelle, cependant la jurisprudence en charge ordinairement le père, par sentiment de commisération et pour opérer une compensation entre les deux parties. »

L'action en dommages et intérêts n'appartient qu'à la fille abusée, et, si elle est mineure, à ses père, mère, tuteur agissant en son nom ; si elle est décédée, à ses héritiers qui pourront continuer l'action intentée du vivant de la mère.

L'action en déclaration de paternité, tendant à donner au père la charge de l'enfant peut, elle aussi, être intentée par la mère, et ceux qui en certains cas agissent au nom de celle-ci. Mais elle peut, en outre, être intentée par l'enfant lui-même ; c'est pour lui un droit naturel de rechercher son père, et la mère par son silence ne peut lui enlever ce droit. Les juges admettront plus favorablement la demande de l'enfant : peu importe que la demande soit dirigée contre un mineur ou contre un majeur : «... l'obligation de nourrir l'enfant ne procède pas d'un contrat civil, mais de la loi naturelle qui gouverne les hommes sans aucune considération de leur âge. » Contre un homme marié ou contre un individu libre de tout lien matrimonial : « L'homme marié peut être, tout ainsi qu'un célibataire, poursuivi pour la charge de l'enfant ; son état civil ne détruit point l'obligation naturelle qui est la base de cette action. » Contre un ecclésiastique ou contre un laïque ; contre un individu en état de démence, ou contre un homme sain d'esprit : « Comme la charge de l'enfant se prend sur la fortune du père, on conçoit que sa démence n'est d'aucune considération pour l'en dispenser. » Peu importe également l'état ou la qualité de la mère : qu'elle soit majeure ou mineure, femme honnête ou de mœurs légères, qu'elle jouisse de ses droits civils ou qu'elle soit frappée de mort civile : « La flétrissure de la mère et son indigence sont deux titres déterminants pour reporter sur le père l'éducation de l'enfant. »

Les dommages et intérêts accordés à la mère ne sauraient être considérés comme une dot ; ils sont évalués, eu égard à la qualité de la fille, à la fortune et à la qualité de l'accusé et aux circonstances plus ou moins défavorables : il n'y a donc aucune règle certaine sur la quotité du dédommagement, qui est laissée à l'appréciation des juges : « ... *totum hoc judicis arbitrio tribuitur, cum jure hoc definitum non sit, nec ob personarum et patrimoniorum varietatem definiri possit.* » Menochius, *de Judiciis arb.*

La charge de l'enfant incombe à ses père et mère « Quelques coutumes disent qu'un bâtard, depuis qu'il est né est entendu hors de pain; mais l'on juge que qui fait l'enfant doit le nourrir. » Inst. coutumières de Loisel. Liv. I, t. I, art. XLI.

Le père doit cependant supporter tous les frais d'éducation de l'enfant, pour compenser, dans une juste mesure, la situation difficile que la nature a faite à la femme; il pourra élever l'enfant dans sa maison ou au dehors; si la mère réclame son enfant et demande qu'il soit élevé par elle et chez elle, la jurisprudence le lui accorde généralement, et alors l'obligation du père se convertit en une pension annuelle qu'il devra payer à la mère. « D'ailleurs, nous dit Fournel, en pareille matière il n'y a pas d'autres lois que la volonté des juges, et cette volonté est toujours déterminée par le plus grand intérêt de l'enfant; c'est lui seul qu'il faudra consulter pour décider si l'enfant sera confié à l'une ou l'autre des parties, laquelle d'entre elles obtiendra la préférence, à quelles conditions, pour combien de temps. »

On pourra même ne pas se conformer à la règle qui met à la charge du père les frais d'entretien de l'enfant, si le père se trouve dans un état d'indigence notoire, et la mère au contraire dans une situation aisée.

L'obligation des parents envers leurs enfants naturels ne se borne pas à leur fournir le nécessaire ; elle est proportionnée à leurs facultés et à leur condition de fortune, et il est intéressant de constater que ce ne sont pas seulement des aliments qui sont dus à l'enfant, mais aussi tous les frais que nécessitent son entretien, son éducation, son établissement ; le père ne sera déchargé de l'obligation d'entretenir son enfant que lorsque ce dernier sera en état de gagner son pain en exerçant une profession ou un métier ; s'il s'agit d'une fille, l'obligation du père ne se bornera pas à lui donner un métier ; il faudra qu'en outre il lui assure une dot dans le cas où elle viendrait à se marier ; et, à en juger par l'arrêt du 12 janvier 1638 du Parlement de Paris, la jurisprudence était très favorable aux demandes de cette nature émanant des filles naturelles.

L'enfant naturel n'entre pas dans la famille de ses père et mère, il ne pourrait réclamer des aliments aux parents de ceux-ci. Mais la famille légitime ne peut pas s'opposer à ce que l'enfant naturel porte le nom de ses père et mère ; il n'y a d'exception que pour les armes : l'enfant ne peut les porter s'il n'a pas été légitimé et encore elles doivent être traversées d'une barre de droite à gauche. L'enfant naturel ne succède pas à ses père et mère. Il n'existe de lien entre l'enfant naturel et la famille de ses père et mère, qu'au point de vue des empêchements à mariage, et en cela l'ancien droit français ne faisait que suivre la loi romaine : « *Nihil interest ex justis nuptiis cognatio descendat vel non, nam et vulgo quæsitam sororem, quis vetatur uxorem ducere.* » Dig., lib. 23, tit. II, L. LIV. « *Serviles quoque cognationes in hoc jure observandæ sunt.* » Dig., lib. et tit. cit. L. XIV, § 2.

Telles étaient, d'après M. Fournel, les règles concernant les enfants naturels, et notamment la recherche qui leur était permise de leur filiation paternelle; mais ces principes ne s'appliquaient qu'aux enfants issus de deux personnes libres qui avaient entretenu des relations dont elles pouvaient effacer les conséquences par le mariage, aux seuls fruits de la séduction simple, dégagée de toutes les circonstances de nature à troubler l'ordre de la société, le droit des familles, ou offrant l'exemple d'un abus coupable de confiance ou d'autorité. La séduction dans ce cas était punie des peines les plus sévères.

Le « rapt de séduction » faisait encourir la peine de mort, c'était « l'usage de manœuvres pour engager un fils ou une fille de famille à contracter mariage à l'insu ou contre le consentement de ses parents. » La déclaration de 1730 exige, pour qu'il y ait rapt de séduction, que les manœuvres soient dirigées contre un fils ou une fille mineurs de vingt-cinq ans, et cela pour parvenir au mariage.

Le « rapt *in parentes* » était aussi puni de mort. Fournel le définit : « L'action de conduire, d'un endroit à un autre, un enfant de famille, contre le gré et à l'insu de ceux dont il dépend, dans la vue de s'en procurer la jouissance. » Il différait du « rapt de séduction » en ce sens qu'il n'avait pas pour but le mariage, et par conséquent pour mobile l'intérêt; il était comme le « rapt de séduction » un crime contre l'autorité des parents de la personne enlevée ou des personnes qui en avaient la garde.

L'art. 3 de la déclaration du 22 novembre 1730 donnait aux juges le droit de prononcer la peine de mort contre ceux « qui seront coupables d'un commerce illicite, lorsque par l'atrocité des circonstances, par la qualité et l'indignité des coupables, le crime paraîtra mériter le dernier supplice. » C'est par application de cette disposition que la peine de mort était prononcée en cas d'inceste en ligne directe, de séduction d'une fille par une personne à la garde de qui elle a été confiée, par exemple par un tuteur à l'égard de sa pupille, un maître de l'écolière qu'il est chargé d'instruire, un domestique, un commis, un secrétaire, d'une fille de son maître...

Cette réglementation rigoureuse devait être suffisante pour assurer la tranquillité publique et le repos des familles. Malgré cela, des dispositions sévères avaient été prises pour prévenir, et punir, s'il y avait lieu, les infanticides et les avortements. Il était admis comme principe que « l'enfant que la femme porte dans son sein ne lui appartient pas : c'est un dépôt dont elle est comptable envers l'Etat. » Les femmes mariées n'étaient soumises à aucun contrôle : on supposait que les enfants qu'elles avaient conçus sans honte leur inspireraient assez d'amour pour qu'il n'y ait pas à craindre de les voir disparaitre. Il n'en était pas ainsi de la fille : son enfant sera pour elle un témoignage de sa faiblesse et l'exposera à la raillerie publique : l'édit de Henri II de février 1556 dispose que toute fille qui sera convaincue de s'être « occultement délivrée de son fruit, dans la vue de le suffoquer, meurtrir et autrement supprimer sans lui avoir fait impartir le sacrement de Baptême, » sera punie de mort.

La législation antérieure à la loi du 12 brumaire an II admettait, comme principe, que la charge de l'enfant n'est pas une peine, puisque ce n'est autre chose que l'accomplissement d'une obligation naturelle, mais elle reconnaissait que cette obligation naturelle resterait souvent lettre morte, si la loi civile ne venait contraindre les parents d'un enfant naturel à remplir leur devoir vis-à-vis de lui, et c'est pour cela qu'elle admettait la recherche de la filiation paternelle, comme elle admettait la recherche de la filiation maternelle. Elle estimait que la mère, étant donné qu'elle avait eu seule la douleur de donner la vie à l'enfant, que seule elle était chargée de donner à cet enfant les premiers soins, parce que seule elle pouvait le faire, qu'il est plus difficile à une femme, notamment à celle qui a la charge d'un enfant, de gagner sa vie, qu'à un homme dont les moyens de travail sont plus puissants et plus rémunérés, avait déjà satisfait en partie à l'obligation que la nature lui imposait et, qu'en conséquence, dans la répartition à faire des frais que nécessitaient la nourriture, l'éducation, l'établissement de l'enfant, elle devait être moins grevée que l'homme.

D'ailleurs, la mère, au moment de la naissance de l'enfant, effrayée de l'étendue des devoirs qui lui incombaient, se reconnaissant incapable de les remplir, et en même temps considérant qu'il lui serait difficile sinon impossible de rassembler les preuves suffisantes pour établir la paternité de celui qui l'avait rendue mère et qui l'avait lâchement abandonnée, pouvait se décharger du soin d'élever son enfant en le confiant aux hôpitaux destinés à recueillir les enfants trouvés, il lui suffisait pour cela de porter l'enfant chez l'officier de police. Il ne lui était nullement nécessaire de s'y rendre elle-même, elle pouvait charger un tiers de ce soin; l'officier de police ne devait demander à la personne qui portait l'enfant, ni son nom, ni celui de la mère de l'enfant : « Il n'avait à craindre aucune recherche ultérieure, et encore moins d'être tenu d'aucune dépense. » L'officier se contentait de dresser un procès-verbal constatant l'état de l'enfant, et les circonstances ou renseignements pouvant servir plus tard à établir son identité.

Et il n'est parlé nulle part des scandales que provoquait cette législation. Les « Causes célèbres » sont muettes à ce sujet : « On y voit, nous dit M. Giraud[1], des « plaintes en gravidation, » comme on les appelait ; c'est-à-dire formées par des filles-mères, ou des recherches de paternité naturelle. Elles figurent à côté de beaucoup d'autres questions d'état ; et il n'y a rien d'étonnant à les voir figurer à cette place, côte à côte avec des procès en bigamie, en désaveu, en réclamation d'état, en recherche de la paternité légitime. J'y vois que dans quelques plaintes en gravidation, mentionnées, la demande a été accordée, sauf dans un cas ; que, dans ce cas, il faut croire que « l'impudence » a reçu sa juste récompense, comme dans les autres l'oubli de tous les devoirs a reçu la sienne ; que la société ne semble pas avoir été bouleversée parce que trois fois sur quatre on a attribué la paternité à qui la méritait, et que la quatrième fois on a repoussé une demande qui n'était pas justifiée ; du moins, à s'en rapporter à l'auteur des « Causes célèbres, » il n'en aurait pas été ainsi. »

Fournel, comme nous l'avons vu, Papon, Poullain-Duparc, Bacquet, ne nous révèlent aucun des inconvénients résultant de la recherche de la paternité ; à ce sujet, il est même intéressant de lire une page de Fournel, qui est la première de son chap. IX, intitulé « Des preuves de paternité. » « Les différentes exceptions dont il vient d'être parlé au chapitre précédent, n'ont lieu que lorsqu'il est reconnu au procès qu'il y a eu fréquentation charnelle entre les parties. Mais ce point de fait est ordinairement la première chose déniée par l'accusé, qui n'emploie les exceptions que

(1) M. Giraud, *La vérité sur la recherche de la paternité*, Paris, 1888 — F. Richer, *Causes célèbres, curieuses et intéressantes, de* 1773 *à* 1789 — Gayot de Pitival, *idem, de* 1734 *à* 1743.

subsidiairement. Il est donc question de voir par quel moyen la fille devenue mère parviendra à établir cette cohabitation intime, qui, par sa nature, est ennemie de tous témoins, et que les parties ont toujours soin d'environner du plus grand secret. Etrange révolution! Ce mystère profond, dont la malheureuse fille se faisait une étude, devient aujourd'hui pour elle l'objet de ses craintes et de ses alarmes. Ce qu'elle redoute le plus, c'est qu'il ait été observé; et elle cherche des témoins de sa honte avec autant d'empressement qu'elle les aurait autrefois évités. Heureusement qu'en pareille matière, les efforts des parties délinquantes sont presque toujours trompés; elles se décèlent souvent, par les moyens mêmes qu'elles prennent pour cacher leur intelligence : d'où il arrive qu'il y a peu d'intrigues de cette nature dont on ne puisse offrir à la justice une preuve suffisante. »

Parmi tous les auteurs du XVIIIe siècle, il n'y en a pas un qui fasse allusion aux scandales résultant des recherches de paternité naturelle. Ni Voltaire, ni Montesquieu, ni Rousseau, ni Diderot, n'en parlent, et ils n'étaient certes pas hommes à respecter une institution pour la seule raison qu'elle est consacrée par une longue tradition.

Un seul homme semble avoir critiqué la règle admise dans l'ancien droit français : Servan, l'avocat général de Grenoble, qui, dans son « Plaidoyer à propos d'une grossesse, » attaque vigoureusement les règles relatives à la recherche de la paternité. Mais il ne résulte pas de ce plaidoyer que son auteur fût ennemi du principe même de la recherche de la paternité, et il est bien probable que Servan serait étonné s'il savait quelle étendue on a attribuée à son discours. Il ne s'élève que contre la maxime du président Fabre, qui, paraît-il, était appliquée à tort dans le Parlement de Grenoble : « *Creditur virgini parturienti.* » « En vertu de cette rigoureuse maxime, nous dit Servan, on condamne un citoyen sans l'entendre, on le condamne sur la déposition d'un seul témoin, qui dépose sur ses propres intérêts, on le condamne pour un délit si secret par sa nature, que cette unique déposition ne peut être ni confirmée ni combattue par aucune autre. » Est-ce là l'étendue d'application de la maxime « *Creditur...* » que nous avons trouvée exposée dans le « Traité de la séduction, » de Fournel ; ce dernier nous dit, au contraire, en propres termes : « La fille peut se refuser à cette formalité (du serment), qui, d'ailleurs, n'ajoute aucune force à la déclaration. En effet, il ne faut pas croire que la déclaration de grossesse soit, entre les mains de la fille enceinte, un titre contre celui qu'elle charge ; on sait assez qu'il n'est permis à personne de se faire un titre. » Peut-on être plus explicite ?

Peut-être la règle *Creditur virgini parturienti* ne recevait-elle pas la même application au Parlement de Grenoble et au Parlement de Paris ; il est fort possible, et même probable, puisque l'avocat général Servan nous le dit, que des abus se soient produits à Grenoble dans l'application de cette règle ; qu'au lieu de lui conserver son caractère essentiellement provisoire, de ne l'admettre que pour trancher seulement la question de savoir quel est celui qui sera pendant l'instance en recherche de paternité chargé des frais de gésine, qui, d'ailleurs, lui seront remboursés s'il parvient à se disculper, on lui avait donné une portée bien plus considérable, en l'admettant, comme nous le dit Servan, pour décider, définitivement, la question de paternité. Que résulte-t-il de tout cela ? C'est que, si cette maxime avait une portée pareille, il fallait la restreindre à de justes limites.

Tel était l'état de la question de la recherche de la paternité, lorsque survint la Révolution de 1789 donnant naissance à une ère nouvelle, période d'élaboration que l'on est convenu d'appeler période intermédiaire, jusqu'à ce que la rédaction définitive des Codes soit venue consacrer le droit nouveau.

CHAPITRE II

Droit intermédiaire. Loi du 12 brumaire an II. Discussion de l'art. 340 du Code civil.

La Révolution française de 1789, bien décidée à faire table rase des abus de l'ancien régime, provenant notamment de la différence de situation sociale et par là même de droits, qui existait entre les citoyens d'un même État, décréta que tous les hommes étaient égaux devant la loi; par application de ce principe nous entendons Cambacérès, le 4 juin 1793, dire à la Convention : « La différence qui existe entre eux (les enfants légitimes et naturels) est-elle juste? peut-il y avoir deux sortes de paternité? présenter ces questions à des législateurs philanthropes c'est les préjuger. Ce serait leur faire injure que d'oser croire qu'ils fermeront l'oreille à la voix incorruptible de la nature, pour consacrer à la fois et la tyrannie de l'habitude et les erreurs des jurisconsultes... Aussi je ne crains pas de vous demander de placer dans la famille les enfants naturels nés de personnes libres, presque au même rang que les enfants légitimes, sauf quelques différences en faveur de ceux-ci, et uniquement dans la vue de favoriser l'institution du mariage... » Il fut décidé que les enfants naturels feraient partie de la famille, et succéderaient à leur père et mère dans les formes et dans les limites qui seraient ultérieurement déterminées; cette détermination fut faite par la loi du 12 brumaire an II, rendue également sur le rapport du consul

Cambacérès; dans ce rapport nous voyons développées les idées déjà présentées à la Convention : « Dans un gouvernement basé sur la liberté, les individus ne peuvent être les victimes des fautes de leur père. L'exhérédation est la peine des grands crimes; l'enfant qui naît en a-t-il commis? Si le mariage est une institution précieuse, son empire ne peut s'étendre jusqu'à la destruction de l'homme et des droits des citoyens. . . » Cambacérès reconnait lui-même que le comité de législation se refusait à tirer du principe de l'égalité de tous les citoyens devant la loi les conséquences qui en découlaient naturellement; il fallait lui faire subir des modifications déterminées par l'état actuel de la société, et par la transition subite d'une législation vicieuse à une législation meilleure; et c'est ainsi que fut votée la loi du 12 brumaire an II, dont voici les principaux articles :

Art. 1er. — Les enfants actuellement existants, nés hors mariage, seront admis aux successions de leurs père et mère, ouvertes depuis le 14 juillet 1789. Ils le seront également à celles qui s'ouvriront à l'avenir sous la réserve portée par l'art. 10 ci-après.

Art. 2. — Leurs droits de successibilité sont les mêmes que ceux des autres enfants. . . . .

Art. 8. — Pour être admis à l'exercice des droits ci-dessus dans la succession de leur père décédé, les enfants nés hors mariage seront tenus de prouver leur possession d'état. Cette preuve ne pourra résulter que de la représentation d'écrits publics et privés émanés du père, ou de la suite des soins donnés à titre de paternité et sans interruption, tant à leur entretien qu'à leur éducation. La même disposition aura lieu pour la succession de la mère.

Art. 9. — Les enfants nés hors mariage, dont la filiation sera prouvée de la manière qui vient d'être déterminée, ne pourront prétendre à aucun droit dans les successions de leurs parents collatéraux ouvertes depuis le 14 juillet 1789. Mais à compter de ce jour il y aura successibilité réciproque entre eux et leurs parents collatéraux, à défaut d'héritiers directs.

Art. 13. — Sont exceptés ceux de ces enfants dont le père ou la mère étaient, lors de leur naissance, engagés dans les liens du mariage. Il leur sera seulement accordé à titre d'aliments le tiers de la portion à laquelle ils auraient droit s'ils étaient nés du mariage.

C'était, on le voit, à part la restriction relative aux enfants adultérins, l'assimilation complète de l'union libre au mariage. La recherche de la paternité naturelle était admise ou du moins semblait l'être par l'art. 8 de la loi. L'art. 1er accorde le droit de succession aux enfants naturels dont les père et mère sont décédés depuis le 14 juillet 1789, et aussi à ceux dont les parents décéderont postérieurement; l'art. 8 emploie l'expression « enfants nés hors mariage » qui, par sa généralité, semble exclure toute idée de distinction entre les successions des pères et mères naturels, ouvertes avant la loi du 12 brumaire et celles qui ne s'ouvriraient que postérieurement, et accorder à tous les enfants naturels la faculté d'établir leur filiation par une possession d'état, résultant, soit d'écrits publics ou privés émanés du père, soit de soins donnés à titre de paternité.

Cette interprétation de l'art. 8, qui, cependant, semble toute naturelle, ne fut pas adoptée par la jurisprudence, ni même par le pouvoir législatif à qui fut posée la question de savoir si dans l'application de l'art. 8 il y avait lieu de distinguer entre la preuve de la filiation des enfants naturels, dont les père et mère étaient décédés avant le 12 brumaire an II, et celle des enfants dont les parents n'étaient décédés que postérieurement à cette date; le Conseil des Cinq Cents décida qu'il n'y avait pas de distinction à faire, et que l'art. 8 était applicable à tous les enfants naturels, sauf bien entendu les adultérins, expressément écartés des dispositions de la loi, par l'art. 13. Le Conseil des Anciens au contraire, dans sa séance du 12 thermidor an VI, déclara que l'art. 8 n'était applicable qu'aux enfants dont les parents étaient décédés avant le 12 brumaire an II; que seuls ils jouissaient de la faculté de prouver leur filiation paternelle par « la représentation d'écrits publics ou privés émanés du père, ou par la suite des soins donnés à titre de paternité et sans interruption; » que les autres, c'est-à-dire ceux dont les parents étaient décédés postérieurement au 12 brumaire an II, devaient, s'ils voulaient succéder à leur père, produire un acte authentique de reconnaissance émané de celui-ci. Merlin nous donne les motifs qui firent admettre cette distinction : « S'il eût été déraisonnable d'exiger, pour constater l'état des enfants dont les pères n'existaient plus, des conditions qu'il leur eût été impossible de remplir, il aurait été absurde d'opposer une volonté présumée à celui qui pouvait déclarer ses intentions positives, et voilà la base de la distinction ci-dessus rappelée, le véritable sens de la loi du 12 brumaire an II, et le caractère que ses auteurs ont voulu lui imprimer. On a donc exigé, pour cette classe d'enfants dont les pères se trouveraient exister au moment de la publication de la loi, une reconnaissance faite devant un officier public. » C'est ainsi que la loi du 12 brumaire an II, qui admettait dans son art. 8 la recherche de la paternité, tout en la réglementant, servit, dans l'application qu'on en a faite, de point de départ à l'interdiction de la recherche de la paternité. Il n'est peut-être pas inutile de rappeler ce qu'était cette époque troublée, à laquelle parut pour la première fois dans notre pays le principe qui fut plus tard inséré dans l'art. 340.

L'Assemblée Constituante, qui comptait parmi ses membres un si grand nombre d'hommes de lois, n'a jamais eu l'idée d'interdire la recherche de la paternité ; elle en eut pourtant l'occasion, lorsqu'en 1791 elle édicta un « Code des délits et des peines, » abolissant les peines sévères qui, nous l'avons vu, dans l'ancienne jurisprudence, punissaient comme un crime l'union irrégulière, quand elle constituait un « rapt de séduction. » Il lui eût été bien facile alors de supprimer les conséquences de ce délit qui n'existait plus, et de déclarer le père indemne au point de vue civil, comme elle le déclarait innocent au point de vue pénal ; mais elle vit toute la distance qu'il y avait entre ne pas considérer comme criminel un homme qui n'avait violenté personne, et ne pas considérer comme responsable un homme qui avait donné la vie à son semblable.

L'Assemblée Législative ne songea pas non plus à interdire la recherche de la paternité, et ce n'est que sous la Convention que parut le principe nouveau, en cette année 1793 « où, nous dit M. Giraud [1], on délibérait entre la guerre civile et la guerre étrangère, où les votes des lois étaient primés par les nouvelles des armées, ou interrompus par des manifestations de tout genre... Certes, ce serait là une singulière manière de se rattacher à la Révolution française et de l'honorer, que de recueillir de préférence

(1) M. Giraud, *La vérité sur la recherche de la paternité.*

les créations qu'elle enfanta, sans presque en avoir conscience. » Cambacérès avait reconnu qu'il fallait « favoriser l'institution du mariage, » et pourtant l'utilité même de cette institution était mise en doute, sa supériorité était compromise puisque l'on accordait aux enfants issus de l'union libre les mêmes avantages qu'à ceux dont les parents étaient mariés ; par contre, ce que l'on accordait d'une main aux enfants naturels, on le leur enlevait de l'autre ; aussi, nous dit M. R. de la Grasserie (1), « les enfants naturels n'avaient guère gagné à ce changement de régime ; ils avaient conquis tous les droits, moins celui de les faire valoir. »

Nous venons de voir qu'il a fallu une interprétation législative pour qu'il fût possible de trouver dans la loi du 12 brumaire an II le principe de l'interdiction de la recherche de la paternité ; ne semble-t-il pas étrange que des législateurs comme ceux de 1793, s'ils avaient eu réellement l'intention d'interdire les recherches de paternité, s'ils avaient considéré comme « un des fléaux de la société, » les « procès scandaleux » auxquels donnaient lieu ces recherches, ne l'aient pas proclamé dans des termes suffisamment clairs pour être compris de tous? La Convention voulait l'égalité pour tous, et, en vertu de ce principe, elle ne pouvait pas logiquement admettre deux classes d'enfants : les légitimes et les naturels, elle les déclara tous égaux ; mais effrayée elle-même des conséquences de ce principe d'égalité et ne pouvant cependant le méconnaître, car c'eût été renier le principe même de la Révolution, sa raison d'être, on a prétendu qu'elle décida d'en restreindre la portée, en restreignant le nombre

(1) R. de la Grasserie, *Recherche et effets de la paternité naturelle.*

des individus qui pourraient l'invoquer, en édictant une loi qui n'a d'excuse que son caractère provisoire. La situation de quelques enfants avait été améliorée au prix du droit à la vie de plusieurs milliers d'autres, et cela au nom de l'égalité! Que ce fut là l'intention, sinon de la Convention, du moins de la loi du 12 thermidor an VI, ce n'est guère douteux; nous n'en voulons pour preuve que les paroles prononcées, le 26 brumaire an X, au Conseil d'Etat, par ce même Cambacérès qui, huit ans plus tôt, demandait l'assimilation des enfants naturels aux enfants légitimes : « Le consul rappelle qu'il a proposé une disposition semblable à celle de l'art. 6 : « La loi n'admet point la recherche de la paternité non avouée, » que les circonstances étaient différentes ; alors le législateur donnait aux enfants naturels à peu près les mêmes avantages qu'aux enfants légitimes. Il fallait donc multiplier les précautions contre l'abus de l'ancienne maxime : « *Creditur virgini parturienti*; » et cependant le législateur s'était réservé de faire des exceptions pour les cas de circonstances aggravantes; il était nécessaire surtout d'empêcher qu'une fille ne vînt, par une fausse déclaration, assurer à un enfant la succession de celui qui n'en était pas le père. Le même inconvénient n'existe plus aujourd'hui, puisque probablement on n'accordera pas aux enfants naturels les avantages que leur donnait la législation précédente [1]. » La solution adoptée par la loi du 12 brumaire an II, du moins d'après l'interprétation du 12 thermidor an VI, n'avait, disions-nous, qu'un caractère provisoire; les législateurs de l'an II croyaient que, sans tarder, le nouveau Code, dont on s'occupait déjà activement, serait élaboré; leurs espérances

(1) Locré, *Lég. civile.*, t. VI, sect. II, ch. III.

ne se réalisèrent que dix ans plus tard, et, pendant cet intervalle de temps, on ne put se résigner à laisser complètement sans ressources les enfants qui, sous l'ancienne législation, pouvaient intenter une action « à fin d'aliments » et des tribunaux adoptèrent une solution analogue à celle que nous aurons l'occasion de constater dans de nombreux arrêts de la jurisprudence actuelle, disant que la loi de brumaire an II n'avait pas supprimé cette action, tant paraissait inique cette situation faite aux enfants naturels qui ne pouvaient produire un acte authentique de reconnaissance émanant de leurs pères [1].

Suivons maintenant le principe de l'interdiction de la recherche de la paternité dans les discussions relatives à la confection du Code civil; on a dit que tous étaient unanimes pour reconnaître la nécessité d'abolir le principe de la recherche de la paternité, que cette recherche était l'occasion de procès scandaleux dont il fallait à tout prix tarir la source. Il serait facile de démontrer le contraire, mais à quoi bon? Forcément, nous dirait-on, dans une discussion, quelle qu'elle soit, les opinions contraires sont émises, il n'en résulte rien. Mais, ce qu'il est intéressant de constater, c'est l'animosité contre la recherche de la paternité, que témoigne l'homme qui gouvernait alors la France. Bonaparte estimait que « la société n'a pas d'avantage à ce que les bâtards soient reconnus. » Il semble que c'est cette idée, dont la fausseté est si facile à établir, qui a dominé l'esprit des hommes qui prirent part aux discussions; comment expliquer sans cela les contradictions que nous rencontrons dans les différents discours qui furent prononcés? Peut-on ne pas être étonnés en entendant, par

(1) Dalloz, Rép., *verbis* Pat. et fil.

exemple, le tribun Duveyrier dire, le 2 germinal an XI, le contraire de ce qu'il disait le 6 nivôse an X, alors que se discutait le projet de loi relatif aux actes de l'état civil? Les adversaires de la recherche de la paternité, se réclament toujours de la nécessité d'abolir la vieille maxime *Creditur virgini parturienti,* à cause des procès scandaleux dont, disent-ils, cette maxime fut la source. Il ne faut, suivant eux, accorder aucune confiance à la déclaration de la mère, à la désignation qu'elle ferait d'un homme comme étant le père de son enfant, et il s'agissait précisément, le 6 nivôse an X, de savoir si l'on devait admettre dans l'acte de naissance le nom du père indiqué par la mère, si on devait approuver un projet de loi dont l'art. 60 était ainsi conçu : « S'il est déclaré que l'enfant est né hors mariage, et si la mère en désigne le père, le nom du père ne sera inséré dans l'acte de naissance qu'avec la mention formelle qu'il a été désigné par la mère. » Les autres articles du projet furent admis sans difficulté : l'art. 60 seul rencontra une vive opposition; on faisait observer qu'admettre la désignation du père par la mère, c'était faire revivre l'ancienne règle : *Creditur virgini.* Néanmoins, ce projet fut soutenu en entier par le tribun Duveyrier : « Si l'homme, libre du lien conjugal, s'agite et s'inquiète d'une disposition légale qui peut troubler ses apathiques jouissances et ses insouciants plaisirs, la fille avilie et abandonnée au moment terrible où elle devient mère, bénit, avec larmes, cette loi protectrice qui, dans l'exercice des droits naturels les plus sacrés, lui laisse pour elle une consolation et pour son enfant une espérance.

» Femmes, toujours reines et esclaves, dominatrices et victimes, quelle sera votre destinée? Naguère, jusque dans nos discussions politiques, on demandait pour vous le partage des droits politiques et civils, et aujourd'hui nous délibérons sur la question de savoir si on ne vous ravira pas le premier et le plus inviolable des droits de la nature !

» Mais entre un homme coupable qui se cache et ne veut point rougir, et cette femme éplorée qui le désigne, s'élève l'enfant qui vient de naître, cet enfant qui n'a d'autre appui que la loi faite pour lui, d'autre protecteur que la société pour laquelle il existe. Ici la balance est rompue ; et le double droit des deux victimes, le droit de la maternité et de l'enfance l'emportent sur l'intérêt individuel et faux de l'impunité...

» Un sentiment intérieur, plus fort que tous les sophismes, plus fort que la raison même, nous dit qu'une fille innocente, qui n'a cédé qu'à la nature et à son cœur, ne trouve pas, dans son existence entière, une seule faculté pour en imposer à son cœur et à la nature. Toutes les puissances de son être sont dirigées vers l'auteur de sa faute et l'objet de ses affections, et, n'eût-elle pour confident que son malheureux enfant, sa plus douce et sa plus impérieuse jouissance sera de lui nommer son père [1]. »

Il est certainement difficile de plaider plus éloquemment la cause de la recherche de la paternité ; le tribun Duveyrier proclame bien haut qu'il faut admettre la déclaration de la mère désignant le père dans l'acte de naissance de l'enfant, et qu'il y a lieu d'ajouter foi à cette déclaration, parce que la fille innocente « qui n'a cédé qu'à la nature et à son cœur, » est incapable de désigner un autre que le père de son enfant ; les filles de mauvaises mœurs peuvent seules spéculer sur les fruits infortunés de leur honteux trafic, et « elles sont, dit le tribun, une portion seulement

(1) Fenet, *Travaux du Code civil*, t. VIII.

de la lie des grandes villes. » « Parce que dans les grandes villes, les filles publiques pourront faire des déclarations fausses de paternité, faut-il que sur tout le territoire de la République, la loi elle-même étouffe les cris d'une mère trahie et d'un enfant abandonné? » L'orateur examine ensuite l'hypothèse d'un mariage qui va se conclure : la veille même, les parents de la future épouse reçoivent l'avis certain que le fiancé est désigné comme père d'un enfant naturel; de deux choses l'une : ou la déclaration est fausse, et il sera facile d'en démontrer l'inconséquence; ou elle est vraie, et le mariage est rompu : « Mais c'est justice! La mère infortunée que le séducteur oublie sur un lit de honte et de désespoir, est-elle donc moins précieuse que la victime nouvelle et parée qu'il conduisait à l'autel? Et l'enfant qu'il a donné à la société ne vaut-il pas tous ceux qu'il allait lui promettre?... L'exécution de l'art. 60 n'a plus rien de vague ni d'indéterminé; son objet et son intention sont bien précisés. Plus de scandale, plus de danger social; et si quelques désagréments particuliers sont possibles, la balance n'est point égale entre l'abus accidentel qu'il laisse échapper et le droit général qu'il consacre... Droit de la nature! unique refuge peut-être contre une faute réparable! unique ressource de deux êtres abandonnés! Droit imprescriptible et sacré que les lois civiles peuvent modifier et régler, mais qu'elles ne peuvent détruire sans une odieuse tyrannie!

» Quel tyran dirait à une mère : Tu mourras dans les douleurs de l'enfantement sans pouvoir révéler l'auteur, la cause de ta honte, et ce qui la justifie peut-être; tu mourras sans dire à ton enfant : « Voilà ton père, » sans donner à ton fils le droit de connaître l'auteur de sa naissance, de solliciter, de mériter sa tendresse, le droit plus précieux encore de l'honorer, de le servir, de l'aimer, d'être lui-même un jour, peut-être, son seul appui dans l'infortune, ou l'unique soutien de sa vieillesse[1]? » Voilà ce que disait, le 6 nivôse an X, le tribun Duveyrier et il n'était pas le seul à parler ainsi; le tribun Duchesne[2] reconnaît lui-même que l'ancienne maxime *Creditur virgini parturienti* n'avait que la portée restreinte que nous lui avons attribuée au chapitre précédent : « S'il m'est permis de mêler mon opinion individuelle à celle de la Commission, j'ajouterai qu'on s'est étrangement mépris jusqu'à présent sur le but et les effets de l'ancienne maxime : *Creditur virgini juranti se ex tali esse prægnantem*. L'auteur lui-même de cet adage en avait excepté les filles de mauvaise vie, *non autem meretrici creditur*. La règle n'était donc jamais applicable, comme on a pu le croire, aux viles prostituées. » N'est-ce pas le rétablissement de la règle *Creditur*... que le tribun réclame quand il nous dit : « Mais où serait l'inconvénient d'admettre la déclaration d'une fille mineure, et d'ailleurs honnête, si elle ne produisait d'autre effet que d'obliger, par provision, à se charger de l'enfant celui qui en serait désigné le père? Où serait celui de réserver, d'un autre côté, à la mère, dans le cas d'une séduction légalement prouvée, son action en dommages et intérêts? » C'est encore le tribun Perreau qui reconnait que l'admission de la déclaration de la mère pourra quelquefois être mensongère, mais : « Pensez-vous de bonne foi que pour une déclaration fausse il n'y en aura pas cent vraies? et vous hésiteriez d'après ce calcul! Mais les lois de la nature mêmes ont leurs inconvénients...

(1) Fenet, *loc. cit.*
(2) Le tribun Duchesne était le rapporteur de la Commission chargée d'examiner le projet.

Celle qui rend le feu propre à tant d'usages utiles, est aussi celle en exécution de laquelle il porte au loin les ravages de l'incendie et la destruction... N'abandonnons pas sans appui, sans espoir, la faiblesse séduite et trompée, dans la vaine crainte de tel ou tel abus que la corruption peut faire d'une disposition bienfaisante. » Le tribun Roujoux : « Sur cent malheureuses victimes de l'amour, si l'article donne un père à un seul infortuné, n'aura-t-il pas fait mille fois plus pour l'humanité qu'une prétendue calomnie n'aura fait de mal à un homme de bien? » Nous pourrions encore citer les paroles de Siméon, de Sédillez, d'Andrieux, de Huguet; tous veulent que la mère puisse désigner, dans l'acte de naissance, le père de l'enfant. Benjamin Constant, qui combat leur opinion, ne le fait point dans le but de refuser à la mère le droit de rechercher l'auteur de son enfant : « Mais, dit-on, vous ne pouvez refuser à une mère le droit de désigner le père de son enfant. Ne le lui refusez pas, j'y consens, mais n'insérez pas cette indication dans l'acte de naissance, qu'elle reste déposée chez un magistrat... (1) »

N'y a-t-il pas lieu de s'étonner en lisant les discours qui furent prononcés l'année suivante par les partisans de l'interdiction de toute recherche de paternité? notamment celui de Duveyrier, qui, un an plus tôt, voulait presque ajouter foi à la seule déclaration de « la fille innocente qui n'a cédé qu'à la nature et à son cœur » parce qu'elle ne trouve pas « dans son existence entière, une seule faculté pour en imposer à la nature et à son cœur? » Le 2 germinal an XI, il demande au contraire que cette fille, abandonnée par celui qui l'a rendue mère, ne trouve pas dans la loi

(1) V. Fenet, *op. cit.*, pp. 121, 249.

une disposition lui permettant de dire au lâche séducteur qui l'a trompée : Voilà ton enfant, tu lui as donné la vie, aide-moi à la lui conserver. « La nature, nous dit maintenant Duveyrier, ayant dérobé ce mystère à la connaissance de l'homme, à ses facultés morales et physiques, aux perceptions les plus subtiles de ses sens, comme aux recherches les plus pénétrantes de sa raison, et le mariage étant établi pour donner à la société non pas la preuve matérielle, mais, à défaut de cette preuve, la présomption légale de la paternité, il est évident, lorsque le mariage n'existe pas qu'il n'y a plus ni signe matériel ni signe légal. Il n'y a plus rien qui puisse faire supposer même la fiction conventionnelle et sociale. La paternité reste ce qu'elle était, aux yeux de la loi comme aux yeux de l'homme, un mystère impénétrable; et il est en même temps injuste et insensé de vouloir qu'un homme soit convaincu, malgré lui, d'un fait dont la certitude n'est ni dans les combinaisons de la nature, ni dans les institutions de la société[1]. » N'est-il pas permis de demander à Duveyrier comment cette solution peut se concilier avec le droit pour la mère de désigner le père de son enfant? avec ce : « droit, qu'il déclarait lui-même, imprescriptible et sacré; que les lois civiles peuvent modifier et régler, mais qu'elles ne peuvent détruire sans une odieuse tyrannie? »

Pour nous, l'interdiction de la recherche de la paternité est en grande partie l'œuvre personnelle du premier Consul; Bonaparte s'était exagéré les inconvénients qui résulteraient de la faculté accordée à la mère d'exiger que le père de son enfant se charge de pourvoir aux dépenses que nécessiteraient son entretien, son éducation, son établisse-

(1) Locré, *Législation civile*, t. VI.

ment; d'ailleurs nous constatons chez lui une contradiction manifeste; dans la séance du Conseil d'État du 14 brumaire an X, il semble ne pas devoir admettre l'interdiction de la recherche de la paternité : « Il n'y a jamais intérêt à priver un malheureux enfant de son état; il n'y en a qu'à forcer ses père et mère à le reconnaître »; dans celle du 26 brumaire il émet une opinion radicalement opposée : « La société n'a pas intérêt à ce que des bâtards soient reconnus. » C'est évidemment la seconde de ces propositions contradictoires qui exprimait la véritable pensée de Bonaparte; non seulement il était opposé à toute recherche de paternité, mais il n'admettait même pas qu'un père pût reconnaître son enfant sans l'aveu de la mère : « La société peut-elle admettre qu'un individu se déclare le père de l'enfant sans en désigner la mère? Quelle serait d'ailleurs l'utilité de cette reconnaissance? sera-ce d'assurer un sort à l'enfant? mais rien n'empêche celui qui veut le reconnaître de lui donner des aliments; et même l'adoption lui permettra de faire à cet enfant de plus grands avantages. » Et là aussi l'influence considérable que possédait le premier Consul sur tous les pouvoirs publics se fit sentir dans la rédaction définitive de l'art. 336 du Code civil : « La reconnaissance du père, sans l'indication et l'aveu de la mère, n'a d'effet qu'à l'égard du père » rédaction qui donne lieu, encore aujourd'hui, à de grosses difficultés d'interprétation, que nous aurons l'occasion d'exposer au chapitre suivant en étudiant les effets de la reconnaissance volontaire.

Lorsque fut discutée la rédaction de l'article relatif à la recherche de la paternité, le premier Consul ne voulait même pas que l'on admît d'exceptions au principe de l'interdiction : « Les exceptions en cas de rapt et de viol obligeraient celui qui serait attaqué à reconnaître son enfant malgré lui; cette reconnaissance forcée est contre les principes. La loi doit punir l'individu qui s'est rendu coupable de viol, mais elle ne doit pas aller plus loin; » et, par une contradiction bizarre dans laquelle, nous le verrons bientôt, est tombée la jurisprudence, il voulait que l'on condamnât le coupable à des dommages-intérêts envers la mère; comme si ces dommages-intérêts pouvaient avoir une autre base que la paternité du séducteur! Et peut-on nier que le refus d'admettre la recherche de la paternité, de la part d'un homme comme Bonaparte, n'ait pas pesé d'un grand poids sur l'esprit des législateurs, quand on songe que c'est à lui que s'adressaient ces paroles flatteuses prononcées devant le Corps Législatif, par le tribun Duveyrier : « Heureux l'homme juste et grand qui, après les jours les plus brillants de triomphe et de gloire, ne veut pour ses trophées que des monuments de sagesse et de paix![1] » Pouvons-nous désormais accepter les affirmations de Bigot-Préameneu dans son « Exposé des motifs » au Corps Législatif[2] : « Depuis longtemps dans l'ancien régime, un cri général s'était élevé contre les recherches de paternité. Elles exposaient les tribunaux aux débats les plus scandaleux, aux jugements les plus arbitraires, à la jurisprudence la plus variable. L'homme dont la conduite était la plus pure, celui dont les cheveux avaient blanchi dans l'exercice de toutes les vertus, n'était point à l'abri de l'attaque d'une femme impudente ou d'enfants qui lui étaient étrangers. Ce genre de calomnie laissait toujours des traces affligeantes. En un mot les recherches de paternité était regardées comme le fléau de la société. » Et celles

(1) Discours de Duveyrier au Corps Législatif. Fenet, t. X.
(2) Séance du 20 ventôse an XI. Locré. *Lég. civ.*, t. VI.

de Lahary dans son rapport au Tribunat[1] : « Rien de plus fréquent, autrefois, que ces audacieuses réclamations d'état dont on assiégeait de toutes parts les tribunaux. Que de femmes impudentes osaient publier leur faiblesse sous prétexte de recouvrer leur honneur! Combien d'intrigants, nés dans la condition la plus abjecte, avaient l'inconcevable hardiesse de prétendre s'introduire dans les familles les plus distinguées, et surtout les plus opulentes! On peut consulter à cet égard le recueil des *Causes célèbres,* et l'on ne saura trop ce qui doit étonner davantage, ou de l'insuffisance de nos lois sur cet important objet, ou de la témérité de ceux qui s'en faisaient un titre pour égarer la justice et troubler la société. » Nous avons vu que le « cri général contre les recherches de paternité, » dont parle Bigot-Préameneu, n'a jamais été poussé; que la seule protestation a été celle de Servan, l'avocat général de Grenoble, qui ne s'attaquait nullement au principe même de la recherche de la paternité, mais seulement à l'application abusive que l'on avait faite de la maxime : *Creditur virgini parturienti.* Nous avons consulté les *Causes célèbres* invoquées par Lahary, et nous n'y avons trouvé aucune attaque contre la recherche de la filiation naturelle; personne avant Bigot-Préameneu et Lahary ne se doutait que l'édifice social reposait sur « des bases depuis longtemps ébranlées et sourdement minées. »

Nous sommes donc autorisés à répondre : non! quand les adversaires de la recherche de la paternité viennent nous dire, s'appuyant sur l'histoire, que cette recherche a été permise et a donné naissance aux débats les plus scandaleux; d'ailleurs nous pouvons facilement opposer à leurs critiques le dilemme suivant :

(1) Séance du 28 ventôse an XI. Locré. *Lég. civ.*, t. VI.

Ou bien : la règle *Creditur virgini parturienti* a été appliquée dans le sens général qu'ils prétendent, et a permis à la mère, affirmant sous la foi du serment que tel homme était père de son enfant, d'établir ainsi d'une façon définitive sa filiation paternelle; et alors ils ne peuvent invoquer l'expérience faite d'une loi permettant, dans de justes limites, la recherche de la paternité naturelle.

Ou bien : cette règle *Creditur* ne comportait que les effets restreints que nous lui avons reconnus, et alors les scandales qu'ils invoquent sont impossibles.

CHAPITRE III

Etat actuel de la législation française et solutions admises par la jurisprudence sur la question de la recherche de la paternité et sur celles qui s'y rattachent.

Avant d'aborder l'étude de la reconnaissance forcée, de la recherche de la paternité, il nous est nécessaire de connaitre les règles de la reconnaissance volontaire; de savoir dans quelles conditions de capacité, de formes, l'homme, convaincu du devoir qui lui incombe d'élever son enfant, doit agir pour que l'aveu fait par lui de sa paternité donne au fruit de ses œuvres l'état d'enfant naturel reconnu légalement, quelles conséquences et quelles charges résulteront pour son auteur de cette reconnaissance volontaire. La question de la recherche de la paternité ne peut se présenter que dans le cas où l'homme se refuserait à accomplir son devoir : la reconnaissance volontaire; il est rationnel que nous connaissions dès maintenant l'étendue de ce devoir.

§ 1. — *De la reconnaissance volontaire.*

La paternité et la maternité sont des faits personnels qui ne peuvent être avoués que par le père et la mère; ils ont seuls qualité pour reconnaître leurs enfants, leurs parents les plus proches eux-mêmes ne sauraient être admis à les remplacer ; il semblerait résulter de ce principe que le père, en reconnaissant son fils naturel, ne pourrait pas, dans l'acte de reconnaissance, désigner la mère de l'enfant et établir ainsi la filiation maternelle de ce dernier, tout comme la mère, en reconnaissant son enfant, ne pourrait pas désigner le père de ce dernier et établir ainsi sa filiation paternelle.

Cette dernière solution n'a jamais été contestée ; il a toujours été admis que la déclaration faite par la mère, dans l'acte de reconnaissance, ne saurait avoir d'effet à l'égard de l'homme qu'elle y désignerait comme étant le père de son enfant. Bien plus ; elle pourrait motiver, contre la mère qui l'aurait faite et contre l'officier public qui l'aurait inscrite, l'application des art. 13 et 18 de la loi du 17 mai 1819.

Art. 13 : « Toute allégation ou imputation d'un fait qui porte atteinte à l'honneur ou à la considération de la personne ou du corps auquel il est imputé, est une diffamation. »

Art. 18 : « La diffamation envers les particuliers sera punie d'un emprisonnement de cinq jours à un an et d'une amende de 25 à 2,000 fr. ou de l'une des deux peines seulement suivant les circonstances. »

Une telle déclaration serait illégale ; ce serait une recherche de paternité, interdite par l'art. 340 du Code civil dans son principe.

Mais il n'en est pas de même de l'hypothèse inverse, celle du père désignant la mère dans l'acte de reconnaissance. La matière est réglée par l'art. 336 du Code civil qui nous enseigne que « la reconnaissance du père, sans l'indication et l'aveu de la mère, n'a d'effet qu'à l'égard du père. » Certains auteurs, et à leur suite la jurisprudence, pensent que cet article n'a pas la signification que l'on serait tenté de lui attribuer à première vue. Si elle voulait simplement dire que la reconnaissance du père n'a d'effet qu'à l'égard du père, cette disposition de loi n'aurait aucune utilité. Et d'ailleurs, si le législateur a jugé bon d'édicter un article spécial pour cette hypothèse, pourquoi s'est-il abstenu de se prononcer dans l'hypothèse inverse? Il n'avait pas plus de motifs pour parler de la désignation de la mère dans l'acte de reconnaissance émanant du père, que de la désignation du père dans l'acte de reconnaissance émané de la mère; en le faisant, n'a-t-il pas exprimé sa volonté de donner quelque valeur à l'indication de la mère contenue dans la reconnaissance du père, pourvu que la mère ait corroboré cette indication par son aveu? L'aveu dont il est question dans l'art. 336 ne saurait être dès lors la reconnaissance authentique exigée par l'art. 334. Cela est trop évident. L'aveu de la mère pourrait donc être tacite et résulter, par exemple, des soins qu'elle a donnés à l'enfant; il peut être exprès comme lorsqu'elle s'est déclarée, de vive voix devant plusieurs personnes, la mère de l'enfant, ou qu'elle a pris cette qualité dans une lettre, ou dans un écrit quelconque. Ainsi, la reconnaissance du père contenant l'indication de la mère, non contredite par celle-ci, fait preuve complète de sa maternité; devons-nous admettre cette interprétation?

Pour savoir si telle a été réellement la volonté du législateur, le moyen le plus sûr est de s'en rapporter aux différentes séances du Conseil d'Etat, du Tribunat et du Corps Législatif où fut élaboré notre art. 336. La première chose qui nous frappe dans les procès-verbaux de ces séances, c'est le peu d'enthousiasme qu'éprouvaient les législateurs pour les reconnaissances faites par le père seul sans l'aveu de la mère. M. Regnier, dans la séance du

Conseil d'Etat du 26 brumaire an X, éprouve de grandes difficultés à en faire admettre le principe. Le premier Consul se déclare franchement opposé à la reconnaissance faite par le père : « La loi, dit-il, ne connaît pas de père en dehors du mariage, elle ne connaît que la mère dont les droits seraient blessés, si l'enfant pouvait avoir un père qu'elle ne croit pas devoir admettre. » M. Tronchet exprime la crainte de voir un homme, en haine de ses héritiers, prendre un enfant dans un hospice et le reconnaître pour son fils. Le premier Consul imagine les hypothèses les plus invraisemblables : « L'enfant, dont s'empare ainsi un individu qui se prétend son père naturel, peut être né d'un père et d'une mère que les circonstances obligent à se cacher, mais qui vont bientôt, par leur mariage, lui donner la qualité d'enfant légitime. Peut-être même est-il, dès à présent, le fruit d'une union légale mais secrète. » Dans la séance du 29 fructidor an X, les mêmes craintes apparaissent; on craint de voir plusieurs hommes reconnaître un seul enfant, et alors naît la difficulté de savoir auquel il faut attribuer la paternité. On propose une rédaction de l'article, dans laquelle la reconnaissance faite par le père seul n'aurait d'effet qu'autant qu'elle ne serait pas désavouée par la mère; cette proposition est basée sur cette idée que la mère seule est à même de connaitre exactement le père de l'enfant. Elle est cependant repoussée, parce qu'il serait injuste de soumettre l'état de l'enfant au mauvais vouloir de la mère. Dans la séance du Corps Législatif du 20 ventôse an XI, M. Bigot-Préameneu nous détermine dans son « Exposé des motifs » la raison d'être de l'art. 336. M. Lahary, dans son rapport du 28 ventôse an XI au Tribunat, en établit toute l'équité : « Il serait difficile, dit-il, de trouver une disposition plus juste et plus conforme aux principes reçus que celle portée dans cet article. Dès que la reconnaissance est le titre sur lequel l'enfant naturel pourra établir la demande qu'il aura à former sur la succession de l'auteur de ses jours, il eût été injuste que ce titre pût produire quelque effet sur les biens d'un autre que celui qui l'avait donné. D'ailleurs, s'il est de principe que nul ne peut se faire un titre à lui-même, à plus forte raison ne peut-il être permis d'en consentir un contre un tiers de qui l'on n'en a pas reçu le pouvoir exprès. » Enfin, dans son discours au Tribunat du 2 germinal an XI, M. Duveyrier nous donne une sorte de résumé des débats relatifs à notre article : «... La reconnaissance d'un enfant naturel faite par un homme qui se croit son père peut nuire à la mère qui n'aura pas fait cette même reconnaissance. Dans les précédents projets du Code civil, on avait clairement manifesté l'intention (et toujours étant donnée l'incertitude de la paternité) de ne donner aucune créance, aucun effet à la reconnaissance d'un enfant naturel, faite par son père, si elle n'était pas confirmée par l'aveu de la mère. Mais on a senti que c'était faire dépendre l'état et la destinée de l'enfant d'une révélation difficile, quelquefois impossible et toujours inconvenante à la pudeur d'une femme. On a senti que, pour ne pas ravir à l'enfant son premier bien, son existence morale, il eût fallu, dans ce cas, lui ouvrir la porte de ces inquisitions honteuses et de ces procès révoltants dont on jugeait indispensable de tarir la source. La sagesse de ce motif a éclairé ; et de l'impossibilité d'obtenir sans un inconvénient grave la déclaration ou l'aveu de la mère, on est parvenu naturellement à la conséquence contraire, c'est-à-dire à la nécessité de n'exiger ni la déclaration, ni l'aveu, ni même la désignation de la mère en statuant seulement que, dans ce cas, la reconnaissance n'aura d'effet qu'à l'égard du père seulement. On voit bien ce que peut produire cette faculté d'une déclaration solitaire, mais encore une fois il vaut mieux que la société tolère ce qu'elle ignore que de connaître ce qu'elle doit punir. »

Que résulte-t-il de toutes ces discussions auxquelles donna lieu la rédaction de notre art. 336? C'est que les législateurs ne voyaient pas d'un œil favorable les reconnaissances d'enfant naturel faites par le père : Ce dernier, disaient-ils, ne peut jamais être certain qu'il possède la qualité qu'il s'attribue ; il ne faut donc pas attacher grande importance à la reconnaissance qu'il fait de sa paternité. Nous entendons l'objection : Il est vrai que l'homme ne peut jamais être assuré de sa paternité, mais du moins il connaît la mère de l'enfant et nous devons ajouter foi à sa déclaration sur ce point. Nous répondons qu'il résulte clairement des débats relatifs à l'art. 336 que les législateurs n'ont jamais eu la pensée de trancher cette question ; en insérant dans la disposition législative qui nous occupe les mots « sans l'indication et l'aveu de la mère, » ils n'ont voulu qu'une seule chose : dire que cette indication et cet aveu ne sont pas nécessaires pour la validité de la reconnaissance émanant du père seul. C'est, du reste, l'opinion de M. Laurent : d'après lui, il n'est pas plus permis au père de désigner la mère, qu'à celle-ci de désigner le père. Si cette désignation lui est faite, l'officier de l'état civil doit se refuser à l'inscrire dans l'acte de reconnaissance, en vertu de l'art. 35 du Code civil : « Les officiers de l'état civil ne pourront rien insérer dans les actes qu'ils recevront soit par note, soit par énonciation quelconque,

que ce qui doit être déclaré par les comparants. » C'est encore l'opinion de M. Toullier [1] : « Le père naturel, dit-il, peut reconnaitre son enfant sans l'aveu de la mère, et celle-ci ne peut, par son seul témoignage, désavouer cette reconnaissance et détruire l'effet qu'elle doit produire, par rapport au père... Mais quand la reconnaissance du père contiendrait l'indication d'une mère non reconnue, elle ne produirait aucun effet contre cette dernière, qui pourrait même, si elle trouvait l'indication calomnieuse, poursuivre en justice la réparation d'une pareille injure, et le déclarant ne pourrait éviter la condamnation en demandant à prouver que son indication est conforme à la vérité, à moins qu'il ne formât, dans le nom de l'enfant, une action en reconnaissance de maternité. »

Nous maintenons donc le principe absolu de la personnalité de la reconnaissance; les indications contenues dans l'acte de reconnaissance, émané de l'un des auteurs de l'enfant naturel, ne sauraient avoir aucune influence sur la preuve de sa filiation à l'égard de l'autre. Tel est le principe consacré par le Code civil : c'est avec défaveur et comme à regret que le législateur admet la validité de la reconnaissance émanant du père naturel; dans les paroles du premier Consul que nous citions tout à l'heure, une phrase nous a frappés : « La loi ne connaît pas de père en dehors du mariage. » La jurisprudence, en donnant à l'art. 336 une interprétation extensive, en décidant que l'aveu exprès ou tacite de la mère, désignée dans l'acte de reconnaissance du père, suffisait pour établir la filiation maternelle, montre clairement qu'elle n'admet pas l'opinion du premier Consul et qu'elle reconnaît un père en dehors du mariage.

(1) Titre VII, de la Paternité et de la Filiation, n° 956.

La reconnaissance d'un enfant naturel, avons-nous dit, ne peut être faite que par le père ou la mère. Que faut-il décider si les auteurs de l'enfant sont mineurs? Doit-on, par ce fait que ses parents sont mineurs, priver l'enfant du bénéfice de la reconnaissance? Dans le silence de la loi, la majorité des auteurs et la jurisprudence ne l'ont pas pensé, et ils ont considéré le mineur comme capable de s'engager dans les limites des obligations qu'il contracte, par sa reconnaissance, vis-à-vis de son enfant naturel. « Celui qui est moralement capable de volonté, nous disent MM. Aubry et Rau, est apte à reconnaître son enfant naturel, quelle que soit, d'ailleurs, l'incapacité légale dont il se trouve frappé par le droit positif. » Nous dirons, par conséquent, que le mineur en tutelle ou émancipé, la femme mariée, peuvent reconnaître un enfant naturel. Il en sera de même de l'interdit, s'il accomplit cet acte pendant un intervalle lucide. « *Furiosus nullum negotium gerere potest : quia non intelligit quæ agit* » (Institutes de Justinien, liv. III, tit. XIX, *de inut. stip.*, § 8). Le *furiosus* ne peut rien faire, nous dit Justinien, parce qu'il ne sait pas ce qu'il fait; si la cause de son incapacité disparait, même momentanément, en un mot s'il comprend ce qu'il fait, nous devons le reconnaître capable. Toute la question consiste à apprécier s'il a pu donner un consentement valable. Les juges prononceront la nullité de la reconnaissance, s'ils ne pensent pas que l'interdit ait su ce qu'il faisait en accomplissant cet acte.

Dans un autre système on a soutenu que pour faire une reconnaissance valable, il fallait avoir la capacité de s'obliger. Mais quelques auteurs, tout en reconnaissant ce principe, ont fait une distinction relative à la fille mineure : celle-ci pourrait, par exception, reconnaître son enfant naturel. Voici, du reste, l'argumentation sur laquelle reposent leur principe et leur exception. L'aveu de la paternité, à raison des conséquences graves qu'il entraîne, exige la capacité de s'obliger. L'enfant naturel reconnu pourra, en effet, porter le nom de son père, lui réclamer des aliments, venir à sa succession à titre d'héritier; le père en le reconnaissant contracte donc, par le seul effet de sa volonté, des obligations onéreuses, il rend sa condition pire. S'il est mineur, il pourra se faire restituer contre sa reconnaissance, parce qu'elle lui a fait éprouver une lésion. A un autre point de vue, la reconnaissance d'un enfant naturel porte atteinte à la considération du mineur; pourquoi n'exigerait-on pas, pour un acte de cette nature, la même maturité d'intelligence et de raison que nul n'est censé posséder avant l'époque de sa majorité. Un mineur peut avoir été trompé par une fille qui lui a fait croire à sa paternité, l'a convaincu de l'obligation morale de réparer une faute commise par d'autres; la séduction, la fraude sont plus à redouter, lorsqu'il s'agit de la reconnaissance d'un enfant naturel, que dans tout autre acte juridique. Sur quels motifs se baserait-on pour refuser au mineur la restitution pour cause de lésion? Il remplit une obligation naturelle, c'est vrai, mais le mineur est restituable, lors même qu'il s'agit de l'exécution d'obligations, à l'accomplissement desquelles il pouvait se refuser. Dira-t-on que la naissance de l'enfant est due à un délit ou à un quasi-délit ? Mais alors il faudra se refuser à reconnaître l'existence comme un bienfait! Ah! certes, les circonstances dans lesquelles l'enfant a été conçu et mis au monde ne lui sont guère favorables; mais n'est-ce pas un bonheur inestimable que de vivre, d'exister? Au surplus, à supposer qu'il y ait délit ou quasi-délit, le mineur est restituable contre la reconnaissance qu'il en aurait faite, et contre la transaction qu'il aurait consentie à ce sujet.

La situation de la fille mineure est bien différente; il n'y a pas à craindre de la voir reconnaître un enfant qui lui est étranger, la grossesse et l'accouchement révèlent sa maternité: d'ailleurs la recherche de la maternité étant admise, son enfant pourra plus tard faire contre elle la preuve de sa filiation maternelle: Ne vaut-il pas mieux qu'elle accepte immédiatement, et même pendant sa minorité, les charges que la nature et la loi font peser sur elle? Le scandale, si scandale il y a, serait plus grand si elle ne se résignait à remplir ces devoirs, que contrainte et forcée par le succès d'une action en recherche de sa maternité naturelle, autorisée par l'art. 341 du Code civil, et que son enfant ne manquerait pas plus tard d'exercer.

Telles seraient les raisons qui feraient rescinder la reconnaissance de la paternité émanée d'un mineur, et rendraient au contraire parfaitement valable celle de la maternité avouée par une fille mineure. Certes ces motifs ne sont pas sans valeur; malgré cela nous approuvons pleinement la jurisprudence d'en décider autrement, et nous nous rallions à la majorité des auteurs qui admet la reconnaissance d'un enfant naturel émanée d'un mineur, qu'il s'agisse du père ou de la mère. Voici pourquoi : au début de cette étude, nous avons établi que la reconnaissance d'un enfant naturel est un acte essentiellement personnel; le droit de faire cette reconnaissance ne saurait donc être exercé par une personne autre que le père ou que la mère de l'enfant, tout ce que peut faire le législateur c'est d'en accorder ou d'en refuser la jouissance aux personnes, selon qu'elles lui paraissent réunir les conditions d'intelligence, de maturité de raison indispensables à l'exercice de cette faculté, ou qu'il les juge incapables de se rendre compte de la gravité même de l'acte qu'elles accomplissent. C'est d'ailleurs ce qu'il a fait pour le mariage; dès que le mineur possède l'aptitude physique nécessaire au mariage, il peut se marier sans avoir besoin d'aucune autorisation de son tuteur. Or la loi n'a pas refusé au mineur le droit de reconnaître son enfant naturel, l'exercice de ce droit étant en dehors du mandat légal du tuteur, le mineur pourra seul et très valablement se reconnaître le père d'un enfant naturel. La loi a gardé le silence relativement à la capacité du mineur en cette matière, devons-nous l'en blâmer? Non, et nous concluons avec M. Demolombe : «... et peut-être même législativement cette situation est-elle la meilleure, car enfin le fait dont il s'agit n'est pas, comme le mariage ou le testament, un fait que la loi puisse empêcher avant un certain âge, c'est une faute, c'est un désordre, et il paraît rationnel que dès qu'il a eu lieu, il puisse être reconnu et réparé. Les magistrats, en cas de contestations, examineront seulement de plus près la sincérité de la reconnaissance lorsqu'elle aura été faite par une personne incapable de contracter. Remarquons du reste que les effets de la reconnaissance dérivent de la loi, et que sous ce rapport l'auteur de la reconnaissance ne s'oblige pas lui-même directement. »

Le mineur pourra donc reconnaître son enfant naturel, et cette reconnaissance sera valable, même émanant d'un mineur non émancipé; à plus forte raison devons-nous admettre la capacité du mineur émancipé. La loi énumère les actes pour l'accomplissement desquels l'assistance du curateur est nécessaire à l'émancipé. Elle indique aussi ceux qui sont soumis à d'autres formalités dans les art. 481 à 485. Mais dans aucun texte, l'exercice du droit de reconnaître un enfant naturel n'est subordonné à l'accomplissement d'une formalité quelconque. Il en sera de même de la femme mariée, qui pourra reconnaître valablement l'enfant qu'elle aura eu avant son mariage, sans avoir besoin de l'autorisation de son mari. La reconnaissance n'est pas comprise dans les actes pour lesquels cette autorisation est exigée. Ici il est vrai il pourrait résulter de la reconnaissance un préjudice très grave pour le mari, et surtout pour les enfants légitimes issus du mariage, la loi a prévu cet inconvénient et l'a écarté en décidant que « la reconnaissance faite pendant le mariage par l'un des époux au profit d'un enfant naturel qu'il aurait eu avant son mariage, d'un autre que de son époux, ne pourra nuire ni à celui-ci ni aux enfants nés de ce mariage. » Art. 337, Code civ.

Après avoir examiné en détail les différentes situations des incapables, nous avons conclu dans le sens de leur capacité en matière de reconnaissance d'enfants naturels et ainsi justifié le principe énoncé par MM. Aubry et Rau, et que nous avons posé au début : « Pour faire une recon- » naissance valable, il suffit d'être moralement capable de » volonté. »

Nous savons donc maintenant qui peut faire la reconnaissance d'un enfant naturel, quelle est la capacité qu'exige l'accomplissement de cet acte. A quelle époque et dans quelle forme cet acte doit-il être accompli? Telles sont les questions qui nous restent à résoudre.

Et tout d'abord à quelle époque doit-on reconnaître un enfant naturel pour que cette reconnaissance soit valable? La reconnaissance, avons-nous dit, est un fait personnel au père et à la mère, elle n'exige donc pas le concours de l'enfant et n'est nullement subordonnée à son consentement, nous en concluons qu'il n'est pas nécessaire que l'enfant soit né au moment où elle est faite, elle pourra donc avoir lieu avant la naissance de l'enfant, dès l'instant de sa conception. Lorsque l'enfant est à peine conçu la reconnaissance lui est aussi utile que s'il était déjà né. En effet, dès sa venue au monde il aura une filiation certaine et les droits qui en découlent. C'est le cas ou jamais de faire l'application de la maxime célèbre : « *Infans conceptus pro nato habetur, quoties de commodis ejus agitur.* » Toutefois pour que la reconnaissance produise son plein effet, il faudra que l'enfant naisse vivant et viable, et que les circonstances de fait qui accompagneront l'acte de reconnaissance et la naissance même de l'enfant, ne permettent pas qu'il y ait doute sur le point de savoir s'il était conçu à l'époque à laquelle il a été reconnu, et si c'est bien de l'enfant conçu en ce moment que la mère est accouchée. Cette question du reste n'a jamais soulevé de controverse, il a toujours été admis qu'un enfant naturel pouvait être reconnu dès l'instant de sa conception.

Supposons que l'enfant soit mort, peut-on encore le reconnaître? Deux cas doivent être soigneusement distingués : l'enfant naturel a laissé une postérité; il n'en a pas laissé.

Si l'enfant naturel a laissé des descendants, M. Delvincourt lui-même, adversaire déclaré de la reconnaissance des enfants naturels décédés, en admet cependant la validité dans le cas où elle aurait pour objet de conférer la légitimation aux descendants de l'enfant naturel reconnu, hypothèse prévue par l'art. 332 : « La légitimation peut

» avoir lieu, même en faveur des enfants décédés qui ont » laissé des descendants, et, dans ce cas, elle profite à ces » descendants. » MM. Loyseau et Marcadé professent une opinion plus favorable à la reconnaissance; ils en admettent la validité toutes les fois que l'enfant naturel a laissé des descendants sans qu'il y ait à distinguer si la légitimation est ou n'est plus possible. La reconnaissance sera très utile à ces descendants qui viendront à la succession de leur aïeul par représentation. Les partisans d'une autre opinion tiennent la reconnaissance pour valable, qu'il y ait ou non des descendants, mais n'admettent point qu'elle puisse favoriser des calculs intéressés; ils refusent, en conséquence, à son auteur, toute vocation héréditaire, sans même tenir compte de l'impossibilité où il se serait trouvé de reconnaître l'enfant du vivant de ce dernier (MM. Aubry et Rau, § 568, n° 32. Duranton, t. II-VI, p. 164, n° 265).

La reconnaissance d'un enfant naturel, disent les auteurs qui n'admettent pas que l'on puisse reconnaître un enfant décédé, est plutôt l'accomplissement d'un devoir envers l'enfant que la source d'avantages pécuniaires pour son auteur. Lorsqu'elle a pour objet un enfant décédé sans postérité, elle n'a point d'autre utilité que de donner au parent qui a avoué sa paternité ou sa maternité une vocation héréditaire aux biens laissés par l'enfant, et, de cette façon, au moyen d'un titre qu'il se serait créé, le père ou la mère hériterait de l'enfant qu'il a abandonné dès l'instant de sa naissance jusqu'au moment de sa mort; est-il admissible que la loi permette à des parents, qui se sont refusés à supporter les charges que la paternité et la maternité imposent, de venir réclamer les droits qui en découlent? Évidemment non, disent les adversaires de la reconnaissance, et notre opinion est confirmée par l'art. 332 portant une exception à la règle qui défend la reconnaissance des enfants décédés, exclusivement dans l'intérêt et pour l'utilité des petits-enfants qui remplacent, qui représentent près de leur aïeul, le fils ou la fille décédés. Ils ajoutent : La reconnaissance n'est pas seulement la constatation d'un fait, car, indépendamment de ce qu'elle a pour objet d'établir la filiation naturelle, elle est un acte purement volontaire qui crée certains droits au profit des parties ; elle a donc, non seulement un caractère déclaratif, mais aussi attributif : il n'est donc pas indifférent que le fait constaté dans la reconnaissance le soit avant ou après la mort de l'enfant. Cette dernière considération n'est pas admise par ceux qui acceptent la validité de la reconnaissance, mais qui refusent à son auteur toute vocation héréditaire ; rien, disent-ils, ne s'oppose à la validité de la reconnaissance elle-même, car le fait qu'elle a pour but de constater n'est pas moins vrai après la mort de l'enfant que durant sa vie ; mais elle ne profitera pas à son auteur, car la reconnaissance doit avant tout être utile à l'enfant et être exempte de tout calcul intéressé de la part des parents.

Il est impossible, selon nous, de résoudre la question par des distinctions ; la reconnaissance doit être radicalement nulle ou parfaitement valable. MM. Aubry et Rau, en disant : « Une reconnaissance postérieure à la mort de » l'enfant produirait tous ses effets à l'égard de ses des- » cendants et de ses frères et sœurs, mais on devrait la » considérer comme non avenue, si le père ou la mère » l'avait faite dans l'unique but de se créer des droits de » succession sur les biens délaissés par l'enfant ainsi » reconnu, » nous paraissent résoudre la question d'une manière tout à fait arbitraire, peut-être même illogique. Dans l'impossibilité d'établir la nullité de la reconnaissance, ces auteurs accordent qu'elle est valable; mais ils frappent d'exhérédation le parent qui n'a reconnu son enfant qu'après la mort de ce dernier. Or, les peines (et la privation du droit de succéder a toujours été considérée comme une peine très grave : pour en juger, il suffit de lire les dispositions de l'art. 727 du Code civil) ne se présument pas, et si le législateur avait voulu frapper d'exhérédation l'auteur de la reconnaissance tardive, il n'aurait pas manqué de s'expliquer sur ce point. La loi, si explicite et si nette quand il s'agit d'établir les causes d'indignité, est muette sur la question qui nous occupe; il faut donc supposer que l'intention du législateur a été, ou bien de donner à la reconnaissance faite après le décès de l'enfant le même effet qu'à celle faite de son vivant, ou bien de refuser d'une manière absolue toute efficacité à l'aveu de la paternité ou de la maternité qui s'est produit dans ces circonstances. Pour nous, la reconnaissance doit toujours être considérée comme valable, et voici les considérations sur lesquelles nous basons notre opinion : le seul argument sérieux de nos adversaires consiste dans cette idée, qu'admettre la validité de la reconnaissance, c'est donner contre toute justice un droit de succession au parent qui reconnaît, lorsqu'il a répudié du vivant de l'enfant toutes les charges de la paternité ou de la maternité. Cette considération est d'une grande valeur, nous l'avouons, mais nous estimons qu'il ne faut pas se préoccuper exclusivement de cette idée. Certes, il arrivera plusieurs fois que leur intérêt sera le seul mobile des parents qui reconnaissent leurs enfants naturels décédés; mais cela arrivera-t-il toujours? Nous ne le croyons pas; il pourra se faire que la reconnaissance ait été retardée par des circonstances indépendantes de la volonté des parents; ce qui pourra avoir lieu surtout si le décès de l'enfant a suivi de près sa naissance.

Le législateur ne pouvait prévoir toutes les circonstances qui auraient pu mettre obstacle à la reconnaissance de l'enfant pendant sa vie; il a donc agi prudemment, lorsqu'il s'est abstenu d'indiquer des délais après lesquels toute reconnaissance serait nulle. En admettant la validité de cet acte, indépendamment de toute circonstance de temps, s'il courait le risque de favoriser les calculs de parents dénaturés (ce qui arrivera rarement; ils ne sont pas nombreux les enfants naturels qui, délaissés par leurs parents, laisseront à leur mort une riche succession), le législateur avait au moins la certitude de conjurer des iniquités qu'il n'aurait pu prévenir s'il avait déclaré nulles les reconnaissances survenues après le décès de l'enfant.

Devons-nous nous arrêter à cette considération que la mort de l'enfant naturel non reconnu, en donnant ouverture à sa succession, a fait acquérir à des tiers des droits qui vont être anéantis si nous admettons que la reconnaissance postérieure à la mort de l'enfant est valable et susceptible de faire acquérir aux parents des droits de succession? M. Demolombe a répondu victorieusement à cet argument, en faisant observer que l'acte de reconnaissance n'est pas attributif de droits, mais simplement déclaratif : l'enfant meurt sans être reconnu, sa succession s'ouvre au profit de l'État, s'il est décédé sans postérité. Le père le reconnait; qu'en résulte-t-il? La reconnaissance du père prouve que l'État n'a jamais eu droit à la succession. La reconnaissance ne crée pas les rapports de paternité et de filiation : elle ne fait que constater ces rapports.

Que dirons-nous de l'argument tiré de l'art. 332 que l'on veut considérer comme établissant une exception au principe défendant la reconnaissance de l'enfant après le décès, introduite exclusivement dans l'intérêt des petits-enfants? Il nous semble qu'il y a une trop grande différence entre la légitimation d'un enfant naturel et sa reconnaissance pour que l'on puisse étendre à l'une, les règles posées par le législateur, en vue de l'autre ; pour que surtout l'on puisse se départir de la règle : *Exceptio est strictissimæ interpretationis.* En légitimant l'enfant on lui donne un état qu'il n'avait pas avant le mariage de ses parents ; on lui fait acquérir les droits exclusivement réservés à la naissance légitime. En faisant une reconnaissance on constate simplement un fait ; un fait qui existait avant la reconnaissance et qui existera après, de la même manière ; si ce n'est qu'avant il était inconnu, et qu'après il s'est trouvé mis en lumière. Il est donc tout naturel que le législateur ne se soit pas expliqué sur le point de savoir si la reconnaissance pouvait être faite après la mort ; après, comme avant la mort de l'enfant, la reconnaissance n'est pas moins la constatation de ce fait qu'il est né hors mariage. Au contraire, il s'est expliqué sur la légitimation postérieure au décès ; la légitimation change en effet l'état de l'enfant, et il est difficile de concevoir qu'une personne décédée puisse changer d'état ; pour que celui-là soit réputé né du mariage de ses parents qui était décédé au moment où cette union a été célébrée, il a fallu une disposition législative ; elle admet simplement une exception au principe qui interdit la légitimation après le décès, lorsque l'enfant laisse des descendants qui représentent leur père, qui le font en quelque sorte revivre, et reçoivent à leur profit le bénéfice de la légitimation.

La loi n'a donc fixé aucune époque pour que la reconnaissance de l'enfant naturel soit valable ; il n'appartient pas à l'interprète d'en déterminer une, et nous concluons que la reconnaissance peut être valablement faite dès l'instant de la conception de l'enfant, sans que la mort de ce dernier puisse constituer un obstacle empêchant le père ou la mère de reconnaître leur enfant.

Cette reconnaissance, que peuvent seuls faire les père et mère de l'enfant, qu'ils soient majeurs ou mineurs, possible dès l'instant de la conception de l'enfant et encore après son décès, peut-elle être constatée par un acte sous seing privé? L'art. 334 du Code civil répond à cette question : « La reconnaissance d'un enfant naturel sera faite par un » acte authentique, lorsqu'elle ne l'aura pas été dans son » acte de naissance. » Le législateur a voulu, en exigeant un acte authentique, assurer la conservation de cet acte et en garantir la sincérité, en mettant son auteur à l'abri des surprises de la fraude ou de la violence. Notre article n'indique pas les officiers publics compétents pour recevoir les reconnaissances d'enfants naturels; il est évident, cela résulte clairement de l'art. 62 du Code, *in principio*, que les officiers de l'état civil ont qualité à cet effet. Dans la rédaction primitive de notre titre, ils étaient seuls compétents pour recevoir l'aveu de la paternité ou de la maternité. Cette disposition n'a pas été adoptée dans la rédaction définitive : « Elle aurait empêché de tenir l'acte secret, » faculté qu'il fallait ménager aux parties. Elle était, » d'ailleurs, sans intérêt; pourvu que l'authenticité de » l'acte fût assuré et qu'il ne pût y avoir de fraude, qu'im» portait par qui il fût reçu? » Locré, Esprit du Code Napoléon sur l'art. 334, n° 2. L'art. 334 n'attribuant pas une compétence exclusive aux officiers de l'état civil, il est naturel de dire que les notaires pourront dresser des actes de reconnaissance; nous lisons, en effet, dans l'art. 1er de la loi du 25 ventôse an XI : « Les notaires sont les » fonctionnaires publics établis pour recevoir tous les actes

» et contrats, auxquels les parties doivent ou veulent » donner le caractère d'authenticité attaché aux actes » de l'autorité publique, et pour en assurer la date, en » conserver le dépôt, en délivrer des grosses et des expé- » ditions. » Le caractère de leurs fonctions répond entièrement aux vœux qui ont été émis lors de la confection de notre titre, que les parties aient à leur disposition la faculté de tenir secret l'acte de reconnaissance; nous lisons, en effet, dans l'art. 23 de cette même loi du 25 ventôse an XI : « Les notaires ne pourront, sans l'ordonnance du président » du tribunal de première instance, délivrer expédition, » ni donner connaissance des actes à d'autres qu'aux per- » sonnes intéressées en nom direct, héritiers ou ayants » droit..., etc. »

Les décisions de l'autorité judiciaire sont également revêtues du caractère d'authenticité; il faudra donc décider que si un aveu de paternité ou de maternité intervient au cours d'une instance, la filiation paternelle ou maternelle sera établie comme si elle était consignée dans un acte notarié. On a voulu prétendre que le juge de paix, assisté de son greffier, avait aussi qualité pour recevoir les reconnaissances d'enfants naturels; M. Demolombe repousse avec raison cette assertion, en disant que pour faire ainsi d'un juge de paix, assisté de son greffier, une sorte de tabellion, il faudrait une disposition législative, et elle fait défaut.

D'ailleurs, il n'est nullement nécessaire que la reconnaissance de l'enfant naturel soit le but de l'acte qui la contient, et il faudrait considérer comme valable, quant à la forme, une reconnaissance présentant l'aspect d'une procuration générale authentique dans laquelle le mandant donnerait au mandataire la qualité de « mon fils naturel. »

La reconnaissance contenue dans un acte valable à tous les points de vue de capacité, de forme et de compétence, est irrévocable ; telle est la doctrine que nous trouvons dans un arrêt de la Cour de Grenoble du 6 août 1861, D. 1861, 2, 207, confirmant un jugement, reconnaissant comme valable une reconnaissance faite dans un contrat de mariage, devenu caduc pour défaut de célébration du mariage : « . . . Attendu, dit la Cour, que le 16 mars 1852, » Théodore M. . . et Marie G. . . ayant conçu le projet de » s'unir, comparurent devant Mᵉ Robert, notaire à Gre- » noble, pour régler leurs conventions de mariage et » souscrivirent un acte dans lequel fut insérée la phrase » suivante : « Les futurs, en se mariant, ont ajouté que » leur commune intention est de légitimer Théodore Rou- » main, leur enfant, âgé d'environ quinze ans, habitant » avec eux. » Attendu que cette déclaration, faite pour se » conformer aux dispositions de l'art. 331, constitue une » reconnaissance régulière dans le sens de l'art. 334 ; que » c'est là un fait acquis dont l'effet continue de subsister, » alors que les autres clauses du contrat sont devenues » caduques par la non-célébration du mariage projeté ; que » cette déclaration, d'ailleurs, devait avoir pour résultat, » non de compléter une reconnaissance parfaite en elle- » même, mais uniquement de modifier l'état de l'enfant » naturel, en lui conférant les titres et les droits de la » légitimité. . . »

Les parties pourront donc reconnaître l'enfant publiquement devant l'officier de l'état civil, soit dans l'acte même de naissance, soit dans un acte séparé ; dans ce dernier cas, en vertu de l'art. 62, *in principio*, l'acte sera inscrit sur les registres à sa date, et il en sera fait mention en marge de l'acte de naissance, s'il en existe un. Elles pourront aussi reconnaître l'enfant par acte authentique devant notaire, rédigé spécialement en vue de la reconnaissance à faire ou dans tout autre but. L'aveu de la paternité sera aussi revêtu du caractère d'authenticité exigé par la loi, s'il est intervenu au cours d'une instance judiciaire et consigné dans les procès-verbaux de cette instance ou dans un acte dressé à la réquisition de la partie intéressée.

Telles sont les règles relatives aux reconnaissances volontaires; le législateur a pu croire qu'elles seraient le cas général et que le nombre des enfants non reconnus serait quantité négligeable. Nous avons vu que le contraire s'est produit : le père d'un enfant naturel utilise plus volontiers l'interdiction portée dans l'art. 340 de le rechercher, que la faculté de donner à son enfant la qualité d'enfant naturel reconnu. Avant d'étudier les effets de la reconnaissance, c'est-à-dire les obligations que l'acte de reconnaissance impose au père vis-à-vis de son enfant, il nous est nécessaire de connaître exactement la portée du principe posé dans l'art. 340 et de l'exception qui s'y trouve; de savoir comment cet article a été interprété par la jurisprudence; nous serons appelés à parler incidemment des dommages et intérêts que les juges accordent par application de l'art. 1382 à la mère de l'enfant délaissé, dans les cas où l'art. 340 fait obstacle à la recherche de la paternité.

§ 2. — *De la reconnaissance forcée, recherche de la paternité.*

L'art. 340 établit un principe : « La recherche de la paternité est interdite; » et une exception : « Dans le cas d'enlèvement, lorsque l'époque de cet enlèvement se rapportera à celle de la conception, le ravisseur pourra être, sur la demande des parties intéressées, déclaré père de l'enfant. »

Principe. — La prohibition est donc absolue ; on ne peut rechercher le père d'un enfant naturel ni par voie directe ni par voie détournée ; ce principe, quelque bien établi qu'il paraisse dans notre art. 340, n'en a pas moins été contesté par quelques auteurs, en tête desquels figure M. Demolombe. Ce que la loi a voulu, dit cet éminent jurisconsulte, c'est empêcher le scandale qui viendrait à se produire si une femme pouvait, en prouvant des relations avec un homme, attribuer à cet homme la paternité de l'enfant qu'elle a mis au monde, si l'enfant avait la faculté de rechercher son père en invoquant des témoignages souvent très discutables, peut-être même malveillants. Mais la situation ne serait plus la même si un homme avait prodigué à un enfant des soins dont un père seul peut se charger ; s'il avait présenté cet enfant comme étant son fils naturel, si ce dernier avait toujours été considéré comme tel dans le cercle de ses relations, s'il a porté le nom de celui qu'il prétend aujourd'hui être son père ; en un mot, s'il a *tractatus, nomen, fama*, s'il a la possession d'état d'enfant naturel. « Il ne s'agit pas alors de la » part de l'enfant d'intenter une action en réclamation » d'état, une recherche de paternité ; son état il le possède, » sa paternité, elle est prouvée, elle est reconnue. Il n'y a » pas, en effet, de réclamation d'état possible de la part » de celui qui possède son état ; cette action ne se conçoit » qu'à défaut de la possession constante (art. 323). On ne » réclame pas, on ne recherche pas ce que l'on possède. » M. Demolombe, t. V, p. 488. Est-ce parce qu'elle n'est pas contenue dans un titre authentique que cette reconnaissance est sans valeur? M. Demolombe la considère comme bien plus concluante que la reconnaissance écrite dans un acte authentique, conformément à l'art. 334. « Il est vrai » que cette reconnaissance n'est pas consignée dans un » titre; tout ce qu'il faut en conclure c'est qu'elle est plus » complète et plus décisive encore. Que d'avantages, en » effet, la possession d'état n'a-t-elle pas sur le titre?

» Le titre ne prouve pas l'identité; la possession d'état » la prouve nécessairement.

» Le titre est l'ouvrage d'un moment, d'un aveu instan- » tané, qui peut être le fruit de la surprise, de l'obsession; » la possession d'état est une reconnaissance continue, » persévérante, de tous les jours, de tous les instants, et » offrant ainsi au plus haut point toutes les garanties de » liberté et de sincérité. Le titre est le plus souvent ignoré, » secret; la possession d'état est une reconnaissance » publique, notoire, qui a pour témoins la famille, la » société tout entière.

» La possession d'état est la plus ancienne, la première » preuve de l'état des hommes : « Ce serait ébranler les » fondements de la tranquillité publique, disait Cochin, » dans l'affaire Bourgelat, que de ne pas reconnaître l'au- » torité de la possession publique d'état. Celui qui l'a en » sa faveur n'est pas obligé de remonter à d'autres preuves; » elle tient lieu de tous les titres que les ordonnances » exigent.

» Pourquoi donc cette preuve si décisive qui, aux » termes de l'art. 319, fait foi de la filiation, qui d'après » un grand nombre d'auteurs et d'arrêts fait également » preuve de la filiation naturelle à l'égard de la mère, » perdrait-elle toute son autorité à l'égard du père? Pour- » quoi, lorsque le père a reconnu l'enfant comme sien,

» lorsque la famille, la société l'ont aussi reconnu comme » tel, pourquoi la loi seule ne voudrait-elle pas le recon- » naître? » M. Demolombe, *loc. cit.* Nous avouons notre embarras de répondre à M. Demolombe; nous ne nous expliquons pas, en effet, pourquoi le législateur a écarté la possession d'état comme moyen de preuve de la paternité; il est certain que lorsqu'un enfant possède *tractatus, nomen, fama* d'être le fils naturel d'un individu, il paraît étrange que la loi ne le reconnaisse pas comme tel et permette au père, selon sa fantaisie, d'abandonner l'enfant et de ne plus lui accorder les soins qu'il lui prodiguait. Nous eussions applaudi aux paroles de M. Demolombe sorties de la bouche d'un législateur: nous ne pouvons les approuver de la part d'un jurisconsulte; il ne s'agit pas de faire la loi, il s'agit de l'interpréter, et devant le principe posé dans l'art. 340 : « La recherche de la paternité est interdite, » rapproché de l'art. 334 qui nous indique les moyens de preuve. « La reconnaissance d'un enfant naturel » sera faite par un acte authentique lorsqu'elle ne l'aura » pas été dans son acte de naissance. » Il n'y a pas de doute possible, il ne sera pas plus permis de rechercher son père à l'enfant qui a la possession d'état d'enfant naturel, qu'à celui à qui elle fait défaut, et d'ailleurs, sans jouer sur les mots, nous pouvons ajouter que l'on ne conçoit pas très bien comment un enfant peut avoir la possession d'état d'enfant naturel sans être muni d'un titre authentique le lui donnant, puisque, aux termes mêmes de l'art. 334, l'état d'enfant naturel ne peut résulter que d'un acte authentique. « Il ressort, nous disent MM. Aubry et » Rau, du rapprochement des art. 334 et 340, qu'il y a » recherche de paternité toutes les fois qu'un enfant naturel » prétend établir sa filiation paternelle autrement que par

» la production d'un acte authentique de reconnaissance. » Vainement dit-on que l'enfant naturel, qui se prévaut » de la possession d'état et qui demande à en faire preuve, » pour justifier de sa filiation paternelle, ne recherche pas » sa paternité déjà constante, par le fait même de sa » possession d'état. Cette argumentation n'est, au fond, » qu'une pétition de principe, puisqu'il s'agit précisément » de savoir si, dans le système de notre législation actuelle, » la preuve complète et légale de la filiation naturelle » peut résulter d'une simple possession d'état comme elle » résulterait d'une reconnaissance formelle. D'ailleurs, la » contestation qui s'élèverait sur l'existence de la posses- » sion d'état, alléguée d'un côté et niée de l'autre, cons- » tituerait évidemment de la part de l'enfant une recherche » au moins indirecte de la paternité; sa position, dans ce » cas, serait différente de celle dans laquelle il se trouve- » rait s'il produisait un acte authentique de reconnaissance » et que celui-ci fût constaté. Demandeur dans la première » hypothèse sur la question de filiation, il ne serait plus, » sur la même question, que défendeur dans la seconde. » MM. Aubry et Rau, § 569, p. 188, n° 2.

M. Demolombe prétend que l'intention évidente du législateur était d'accorder effet à la possession d'état, car dit-il dans la séance du 26 brumaire an X lors de la discussion de l'art. 6 du projet, portant : « La loi n'admet pas la recherche de la paternité non avouée, » le ministre de la justice a fait remarquer que ces mots « non avouée » demandaient des explications; l'aveu pouvait en effet résulter d'actes privés du père ou d'autres circonstances, tandis qu'il ne devait valoir comme preuve de la filiation naturelle que s'il était constaté sur les registres de l'état civil. Il est vrai que le ministre de la justice a fait cette remarque; il est même vrai que la justesse de cette observation fut reconnue, mais il nous semble que l'argument qu'en tire M. Demolombe tourne contre la théorie qu'il soutient; la revision demandée par le ministre de la justice a abouti à l'insertion, dans la seconde rédaction présentée à la séance du 12 frimaire an X, de l'art. 21 qui ne figurait pas dans la première et qui est devenu sans aucune modification l'art. 334 du Code civil; or cet art. 334, nous le savons, écarte complètement la possession d'état puisqu'il n'admet que l'acte authentique. La jurisprudence n'a pas varié sur ce point; on trouve des arrêts admettant la recherche de la maternité basée uniquement sur la possession d'état, mais la recherche de la paternité n'a jamais joui d'une telle faveur. La prohibition reste donc absolue, entière, dans son principe : la recherche de la paternité est interdite. Celui qui voudra rechercher son père naturel devra produire un acte de reconnaissance authentique; du moins il en est ainsi lorsque l'action en recherche de paternité est introduite dans l'intérêt de la mère ou dans celui de l'enfant. L'art. 340 est formel, et s'il laissait le moindre doute dans l'esprit, ce doute serait forcément anéanti par la lecture de l'art. 334.

Mais en est-il de même si la paternité loin d'être recherchée dans l'intérêt de l'enfant, l'est au contraire à son préjudice? Sa situation d'enfant né de père inconnu peut-elle lui être contestée, si cette situation, qui ne paraît pourtant pas digne d'envie, est pour lui la source d'un avantage quelconque? peut-on l'empêcher d'utiliser cet avantage, peut-on le lui enlever, en recherchant son père? La question présente un intérêt considérable à raison des limites apportées par la loi au droit de tester du père au profit de son enfant naturel, surtout si ce dernier est adultérin ou incestueux. Cet intérêt est bien évident. Un père qui n'a pas reconnu son enfant naturel meurt en laissant un testament instituant cet enfant son légataire universel; les héritiers seront-ils admis à contester la validité de ce testament, à demander que la part de l'enfant soit réduite aux limites fixées par la loi selon la nature des relations qui ont existé entre le père et la mère, en offrant de prouver le lien de filiation qui unit le légataire au testateur; ou bien se verront-ils repoussés par le principe de l'art. 340 interdisant toute recherche de paternité? La réponse, il nous semble, ne saurait être douteuse; la recherche de la paternité est interdite en principe, nous l'avons exposé; et il nous est impossible d'admettre d'autres exceptions que celles apportées par la loi elle-même. Nulle part le législateur ne distingue entre l'action en recherche de paternité intentée par la mère ou l'enfant, et la même action intentée par d'autres personnes qui pourraient y avoir intérêt. D'ailleurs il n'avait aucun motif de le faire : s'il a interdit la recherche de la paternité c'est qu'il a craint de provoquer le scandale en donnant naissance à des procès rendant nécessaires de honteux débats; c'est qu'il a considéré comme impossible la preuve directe de la paternité : l'homme ne pouvant jamais être certain qu'il est le père de l'enfant qu'on lui attribue; dangereuse autant que difficile la preuve indirecte. Ces motifs, que les auteurs du Code civil, nous le reconnaissons, avaient présents à l'esprit, lorsqu'ils étudiaient la seule hypothèse d'une action en recherche de paternité en faveur de la mère ou de l'enfant, ne perdent rien de leur force dans l'hypothèse qui nous occupe en ce moment, celle d'une action intentée contre l'enfant lui-même; on ne voit pas pourquoi les débats que craignaient les législateurs seraient moins scandaleux dans la seconde hypothèse que dans la première; la preuve directe de la paternité ne cesserait pas d'être impossible; la preuve indirecte serait-elle moins dangereuse, plus facile? Evidemment non. Si la loi s'est montrée sévère à l'égard de l'enfant naturel, c'est qu'elle avait de graves motifs pour agir ainsi, il semblerait étrange qu'elle eût favorisé l'action intéressée des héritiers; par exemple, du père décédé : L'homme peut, s'il ne se sent pas le courage de remplir son devoir, abandonner son enfant; cette faculté lui est accordée par la loi! mais il n'en est pas moins tenu moralement de subvenir aux frais de l'entretien et de l'éducation de cet enfant. Il est au contraire entièrement dégagé vis-à-vis de ses héritiers; en déterminant la portion de ses biens dont il peut disposer, la quotité disponible, la loi a suffisamment indiqué l'étendue de ses obligations vis-à-vis de sa famille légitime, et protégé cette dernière dans le cas où le défunt aurait voulu la dépouiller. Il eût été scandaleux de permettre aux héritiers une action que l'on défendait à l'enfant.

Le principe de l'interdiction de la recherche de la paternité n'est donc pas encore ici battu en brèche; la défense subsiste dans toute son étendue : La jurisprudence a toujours repoussé l'opinion contraire soutenue par M. Delvincourt. Il en résulte un moyen facile d'éluder les dispositions de la loi relatives aux restrictions apportées à la liberté de tester en faveur des enfants naturels; cela est incontestable : il sera facile à un père naturel d'accorder à son enfant des avantages plus grands que ne lui permet la loi, le moyen est tout indiqué : ne pas le reconnaitre. Rassurons-nous; cet inconvénient se présentera rarement; lorsqu'un homme se refuse à reconnaitre son enfant naturel, ce n'est pas généralement dans un but favorable à l'enfant ; s'il n'était résulté de l'interdiction de la recherche de la paternité que cette conséquence, le mal n'eût pas été grand : c'eût été tout au plus une *inelegantia juris!* Mais voici qui est plus grave : La preuve de la paternité naturelle ne pouvant être faite dans aucun cas ni contre le père ni contre l'enfant, il sera impossible d'établir l'existence d'un empêchement à un mariage projeté, au moyen de la constatation de la parenté naturelle des futurs époux. Le principe de l'art. 340 aboutit donc à cette conséquence : Le père pourra épouser sa fille, le frère sa sœur, au vu et au su de tous, sans éprouver aucun empêchement.

Il nous semble que les rédacteurs du Code civil, si désireux d'éviter le scandale, auraient dû chercher les moyens d'éviter une énormité du genre de celle-ci : la loi impuissante contre l'inceste, les tribunaux forcés de reconnaître la validité d'un mariage incestueux. C'est ainsi qu'un arrêt de la Cour de Nîmes du 3 décembre 1811 a dit que les prohibitions des art. 161 et 162, du chef de parenté naturelle, s'entendent seulement de la parenté ou de l'alliance légalement constatée. Cette conséquence a paru tellement monstrueuse que l'on a voulu la contester. En général, a-t-on dit, lorsque la loi attribue quelque effet à la parenté naturelle, elle prend soin de s'expliquer nettement sur le point de savoir si cette parenté doit être légalement constatée, c'est ce que ne manquent pas de faire les dispositions relatives à la légitimation des enfants naturels, à la puissance paternelle du père naturel, aux droits successoraux. Au contraire, les art. 161 et 162 se contentent de dire simplement que la parenté et l'alliance naturelles sont un empêchement à mariage, sans exiger expressément que cette parenté et que cette alliance soient légalement constatées! Or la Cour d'appel de Lyon a exprimé le vœu que la prohibition fût limitée aux enfants naturels reconnus. Il n'a pas été fait droit à cette observation de la Cour de Lyon, et il faut conclure du rejet de la modification proposée et de la rédaction actuelle des art. 161 et 162 que la parenté et l'alliance, même non légalement constatées, s'opposent à ce que le mariage puisse être célébré. Il nous est malheureusement impossible d'admettre cette solution. La Cour de Lyon en proposant la modification des art. 161 et 162 a exprimé les motifs qui la déterminaient à agir ainsi, elle voulait prévenir les recherches quelquefois calomnieuses, toujours scandaleuses, de la paternité naturelle ; il fut répondu à ses observations que la loi devait s'occuper de cet objet au chap. III du tit. VII du livre des personnes; qu'il était inutile d'y pourvoir incidemment à propos des empêchements au mariage, ce qui aurait nui à l'harmonie et à l'unité du Code. Il ressort de l'ensemble des dispositions de la loi sur les enfants naturels, que leur filiation est incertaine aussi longtemps qu'elle n'a pas été légalement constatée; lorsque la loi s'occupe des enfants naturels, soit pour leur donner des droits en cette qualité, soit pour leur défendre quelque chose à raison du lien qui les unit aux auteurs de leurs jours, elle suppose constamment que leur filiation est certaine. Supposons pour un instant que les art. 161 et 162 aient dérogé aux principes des art. 335, 340, 342. Quel serait l'effet de la filiation paternelle constatée ainsi judiciairement? Donnerait-elle à l'enfant les droits d'un enfant naturel légalement reconnu par un acte authentique? Dans ce cas la fraude serait facile; un homme a deux enfants naturels, un fils et une fille, il ne les a pas reconnus; ces deux enfants auront à leur disposition un moyen facile de rechercher leur père, et d'éluder ainsi la prohibition de l'art. 340 : ils publieront un mariage évidemment incestueux; ils verront faire contre eux la preuve qu'ils souhaitent, et qui va leur faire acquérir les mêmes avantages que si leur père les avait reconnus! On se refuse à admettre une telle solution, nul ne soutient qu'une dérogation au droit commun pouvant avoir des conséquences aussi graves ait été faite tacitement, sans explication aucune, par un législateur si jaloux de la quiétude des pères naturels, si désireux de leur éviter les désagréments d'une recherche de leur paternité. Et pourtant, si l'on n'admet pas cette conséquence, il faudra dire que l'enfant sera réputé fils de son père afin de l'empêcher de se marier aux degrés prohibés, et qu'il sera en même temps regardé comme étranger à ce père, afin de l'empêcher de lui réclamer les aliments nécessaires à son existence : Ce résultat serait absurde, la filiation est et doit être indivisible. Nous concluons donc qu'en vertu des art. 340, 342, Code civ., la fille pourra épouser son père, la sœur son frère consanguin, et les magistrats seront impuissants pour empêcher un tel scandale.

Exception. — Nous venons d'étudier l'étendue du principe de l'art. 340 interdisant la recherche de la paternité; la généralité de ses termes ne permet pas, nous l'avons reconnu, d'admettre d'autres exceptions que celles établies par la loi. La loi n'en a apporté qu'une seule, nous y arrivons : « Dans le cas d'enlèvement, lorsque l'époque » de cet enlèvement se rapportera à celle de la conception, » le ravisseur pourra être, sur la demande des parties » intéressées, déclaré père de l'enfant. » L'interprétation des termes du second paragraphe de l'art. 340 a soulevé quelques difficultés; nous ne nous y arrêterons pas longtemps, car l'exception de l'art. 340 n'est guère connue dans le domaine de la pratique. Un arrêt de la Cour de Paris du 29 mars 1821 est le seul qui ait eu l'occasion d'appliquer l'exception de l'art. 340, et encore il l'a appliquée dans dans un cas où, de l'avis de la grande majorité des auteurs, elle est inapplicable : celui du rapt de séduction. On s'est demandé quel était le sens exact que la loi a voulu donner au mot « enlèvement. » MM. Aubry et Rau proposent, pour mieux exprimer, à leur avis, le véritable esprit de la loi, tel qu'il ressort de la discussion au Conseil d'Etat, la rédaction suivante de l'exception de l'art. 340 : « Celui qui » a enlevé une femme, mineure ou majeure, et qui l'a main- » tenue, plus ou moins longtemps en charte privée, peut, » sur la demande de toute partie intéressée, être déclaré » père de l'enfant dont cette femme est accouchée, lorsque » l'époque de la conception coïncide avec celle de la » séquestration. » Ils reconnaissent, d'ailleurs, que le fait de l'enlèvement ne doit pas être nécessairement jugé d'abord par un tribunal de justice répressive, contrairement à l'opinion de M. Toullier : « Pour faire usage de l'excep- » tion, nous dit cet auteur, il faut considérer que l'enlè- » vement de la mère ne donne pas le droit de diriger » d'abord contre le ravisseur une déclaration de paternité » dans le nom de l'enfant, il faut avant tout que le rapt » soit jugé. » Telle est encore l'opinion de M. Loiseau, mais MM. Toullier et Loiseau ne nous donnent aucune raison de leur manière de voir qui est repoussée par le texte même de l'art. 340, et qui, si elle était admise, entraînerait dans la pratique les plus fâcheuses conséquences. D'ailleurs ils ont été les seuls à soutenir qu'une condamnation était nécessaire pour permettre d'introduire la demande en déclaration de paternité.

MM. Aubry et Rau exigent qu'il y ait eu violence, et

écartent ainsi l'hypothèse de rapt par séduction, par application de la règle : *Volenti non fit iniuria*. Nous avons vu plus haut que le seul cas d'application de l'exception de l'art. 340, qui ait été tranché par la jurisprudence, fut un cas de rapt par séduction ; la Cour de Paris, par un arrêt du 29 mars 1821, a admis la recherche de la paternité. Il faut cependant se garder d'exagérer la portée de cet arrêt ; la demande en déclaration de paternité se présentait dans des circonstances particulièrement favorables que les magistrats de la Cour de Paris ont dû prendre en grande considération. Malgré cela, nous pensons que MM. Aubry et Rau attribuent au mot enlèvement un sens trop restreint ; d'après ces auteurs, le mot « enlèvement » emporterait l'idée d'une séquestration plus ou moins prolongée, pendant laquelle il a été impossible à la personne enlevée d'avoir des relations avec un autre que son ravisseur. Nous croyons que les rédacteurs du Code civil entendaient le mot enlèvement dans un sens plus large : en effet, si l'art. 340 exigeait une séquestration de la femme, pendant laquelle nul autre que le ravisseur ne pût la voir, la paternité du ravisseur serait certaine, et on ne s'expliquerait pas pourquoi le consul Cambacérès, Tronchet et Portalis auraient demandé et obtenu que le mot « sera » qui se trouvait dans la première rédaction de notre article, et qui rendait ainsi la déclaration de paternité obligatoire pour le juge, soit remplacé par le mot « pourra », laissant au juge le pouvoir d'appréciation nécessaire pour trancher la question de savoir si la paternité devait ou non être déclarée. Il est impossible d'admettre que le mot « enlèvement » ait été employé par les rédacteurs du Code civil dans le sens que lui attribue la loi pénale. Le Code pénal, en vigueur à l'époque de la rédaction de l'art. 340, était celui des 25 septembre et 6 octobre 1791 ; il ne punissait le crime de rapt que lorsqu'il était commis sur une fille de moins de 14 ans. En prévoyant un cas où la recherche de la paternité serait admise, les auteurs du Code civil ne pouvaient évidemment pas avoir dans l'esprit l'hypothèse presque impossible de la maternité d'une fille âgée de moins de quatorze ans. Il n'y a donc ici aucun rapport entre la législation civile et la législation pénale; le mot enlèvement, dans l'art. 340, n'indique pas le fait puni comme enlèvement par le Code pénal. Nous en concluons, avec M. Demolombe, que les rédacteurs du Code ont entendu le mot enlèvement dans son sens ordinaire qui comprend le rapt de violence et le rapt de séduction, sans qu'il y ait lieu de distinguer si la femme était majeure ou mineure.

Nous pensons que le viol rentre dans l'exception admise par l'art. 340, « lorsque l'on s'attache moins aux mots » qu'aux choses, dit M. Marcadé (art. 340, n° 2), le viol » est un enlèvement. La personne n'est pas transportée » d'un lieu dans un autre, mais elle est enlevée à elle- » même momentanément, et enlevée par violence. » L'argument que l'on a voulu tirer contre cette opinion des différentes rédactions proposées de notre article, ne nous semble pas probant; les premières rédactions proposées, a-t-on objecté, parlaient du viol, qu'elles assimilaient au rapt; dans la rédaction définitive, le viol a été écarté; il faut en conclure que la recherche de la paternité n'est pas admise en cas de viol ; il nous semble tout aussi naturel d'en conclure que les rédacteurs du Code, en se servant du mot « enlèvement, » ont entendu comprendre dans ce mot, le rapt et le viol (Demolombe, V, 491 ; *Contra*, Aubry et Rau). Nous pouvons ajouter que, dans le système adopté par une législation postérieure à la nôtre, qui s'est inspirée très souvent de l'esprit de la loi française, et qui, dans bien des cas, a reproduit textuellement les dispositions de cette loi, dans l'art. 189 du Code italien, le « *stupro violento* » donne lieu contre son auteur à la recherche de la paternité naturelle.

Les présomptions établies par les art. 312, 314, 315 du Code civil ne s'imposent pas aux juges en cette matière ; ils pourront y avoir recours, mais rien ne les y oblige : les termes de l'art. 340 leur laissent toute liberté à cet égard.

L'exception à la règle de l'interdiction de la recherche de la paternité n'est guère connue, nous l'avons dit au début, dans le domaine de la pratique; une seule fois, l'autorité judiciaire a été appelée à se prononcer sur la question de savoir si elle devait ou non être admise (Paris, 28 juillet 1821, Sirey, 1821, 1, 235). Nous en tirons cette conclusion, que le principe de l'interdiction de toute recherche demeure la règle fondamentale, sinon absolue de la législation française en cette matière.

§ 3. — *Effets de la reconnaissance. Condition des enfants naturels reconnus.*

Nous suivrons encore ici le plan que nous avons suivi dans notre exposé rapide des législations antérieures, et nous ne séparerons pas l'étude de la recherche de la paternité des effets de cette paternité reconnue ou judiciairement constatée, estimant que l'une de ces questions ne peut être séparée de l'autre, pour les raisons que nous avons déjà fait valoir, et qui nous obligent à nous occuper accessoirement de l'une lorsque l'autre fait l'objet principal de notre travail.

Disons, tout d'abord, que les effets de la paternité sont toujours les mêmes; que le père ait reconnu volontairement le lien qui l'unit à l'enfant ou qu'il y ait été contraint par la loi. L'acte de reconnaissance ou la sentence judiciaire, qui en tient lieu, font naître des rapports légaux entre l'enfant naturel et l'homme qui l'a reconnu; ce sont, de part et d'autre, des droits et des obligations qui ont trait à la personne et aux biens.

L'art. 383 attribue aux père et mère des enfants naturels reconnus, le droit de correction tel qu'il est déterminé par les art. 376, 377, 378, 379. Cela suppose qu'ils ont le droit d'éducation dans son ensemble; le droit de correction n'est en effet qu'une conséquence du droit d'éducation. Ainsi nous déciderons que l'art. 372, qui place l'enfant sous l'autorité de ses parents, est applicable aux enfants naturels comme aux enfants légitimes. Mais le droit d'éducation suppose lui-même le droit de garde; les parents, s'ils n'avaient la faculté de garder l'enfant auprès d'eux, ne pourraient être chargés de son éducation; aussi nous pensons que les père et mère naturels pourront s'opposer à ce que l'enfant quitte la maison paternelle, si ce n'est pour enrôlement volontaire, après l'âge de dix-huit ans révolus, 374. Le droit de correction est la sanction du droit d'éducation et de garde, mais cette sanction serait à peu près inutile, et les parents ne pourraient pas remplir avec fruit la mission dont ils sont chargés par la loi civile et par la loi naturelle, s'ils ne pouvaient exiger honneur et respect de leurs enfants même naturels; aussi nous considérons l'art. 371 comme applicable aux parents même naturels. Le législateur a proclamé cette vérité incontestable, que les enfants doivent ignorer les fautes de leurs parents, aimer et honorer ceux qui leur ont donné le jour, quels qu'ils soient. De quelle manière les père et mère naturels exerceront-ils ces droits? Dans le mariage, l'exercice de la puissance paternelle est attribuée au père ; la loi en a ainsi décidé pour prévenir les conflits de deux autorités qui auraient pu s'opposer l'une à l'autre, au grand préjudice de l'éducation de l'enfant et de l'autorité des parents ; en raisonnant par analogie, nous sommes amenés à décider que le père exercera seul le droit de diriger l'éducation de l'enfant reconnu par son père et par sa mère, si ses parents vivent ensemble maritalement ; si, au contraire, les parents vivent séparés, il n'y a aucune analogie entre leur position et celle des époux unis en mariage. Dans ce cas, il nous semble tout naturel de leur appliquer les dispositions des art. 302 et 303 relatifs aux enfants des époux divorcés. Le droit de garde et d'éducation appartiendra, en principe également, aux parents, mais l'exercice de ce droit sera dévolu à celui des deux parents qui présente le plus de garanties, ou au besoin à une tierce personne, conformément aux art. 302 et 303. Lorsque l'enfant a été reconnu par le père seul ou par la mère seule, ou bien lorsque reconnu par ses parents, l'un des auteurs de la reconnaissance est décédé, ou se trouve dans l'impossibilité d'exercer son droit de garde et d'éducation, nous déciderons, tout en réservant le pouvoir discrétionnaire des tribunaux, que la direction de l'enfant doit être confiée à celui des parents qui l'a reconnu, ou au survivant des père et mère, ou à celui qui a la possibilité d'exercer les droits de puissance. Lorsque les père et mère sont unis par les liens du mariage, la loi prononce dans certains cas la déchéance de la puissance paternelle contre celui des parents qui en est investi ; dans d'autres cas, malgré le silence de la loi, la doctrine et la jurisprudence prononcent cette déchéance ;

par exemple : le père maltraite son enfant, il ne pourvoit ni à son entretien, ni à son éducation, il lui donne l'exemple de la débauche et de l'immoralité. Que devons-nous décider à l'égard de l'enfant naturel? La faute commise par ses parents, en lui donnant le jour, ne constitue-t-elle pas à elle seule un juste motif de défiance contre eux? Peut-on espérer qu'ils lui donneront de bons exemples, qu'ils s'occuperont sérieusement de son éducation? Nous pensons, cependant, avec M. Demolombe, que la même solution doit être admise, dans les cas présentant entre eux le plus d'analogie : l'irrégularité de la situation des parents sera un motif de plus pour étendre encore davantage le pouvoir discrétionnaire des tribunaux. Le silence des textes peut s'interpréter en faveur de cette doctrine; le législateur a, sans doute, reconnu le danger d'une règle précise en une matière si délicate où peuvent se présenter tant de cas particuliers, comportant chacun une appréciation minutieuse du caractère et de la moralité des personnes auxquelles il s'agit de confier l'éducation et la garde d'un enfant. L'art. 4 du titre préliminaire du Code civil défend au juge de se retrancher derrière l'obscurité ou le silence de la loi pour refuser de rendre justice. Cette disposition accorde par là même aux magistrats un large pouvoir d'appréciation; c'est le cas ou jamais d'en faire usage.

En résumé, le législateur n'a pas établi que toutes les dispositions relatives aux rapports des parents avec leurs enfants légitimes sont applicables aux rapports des père et mère avec leurs enfants naturels; il s'est borné, dans l'art. 383 du Code civil, à déclarer les art. 376, 377, 378 et 379 applicables aux enfants naturels; mais la plupart des droits accordés aux parents sur leurs enfants légitimes reposent sur cette idée que les enfants doivent respecter leurs parents, afin que ceux-ci puissent s'occuper utilement de leur éducation ; cette idée est également vraie dans la filiation illégitime ; la personne des père et mère est sacrée. Quels qu'ils soient, les enfants, de par la loi naturelle, leur doivent toujours honneur et respect ; en conséquence, les rapports des parents avec leurs enfants naturels seront les mêmes que ceux des parents avec leurs enfants légitimes, sauf des différences de détail, motivées par le peu de faveur que mérite la filiation illégitime, et dans lesquelles le caractère accessoire que présente pour nous l'étude des effets de la paternité ne nous permet pas d'entrer ; sans plus tarder, nous abordons l'étude des effets de la reconnaissance quant aux biens.

Dans la filiation légitime, le père, pendant le mariage, et, après la dissolution du mariage, le survivant des père et mère ont la jouissance des biens de leurs enfants, jusqu'à l'âge de dix-huit ans révolus, ou jusqu'à l'émancipation qui pourrait avoir lieu avant cet âge. Nous décidons, sans hésiter, que les parents naturels n'ont pas la jouissance et l'administration légale des biens de leurs enfants mineurs. Le droit d'administration que la loi accorde au père légitime a un caractère spécial et exceptionnel. Le père légitime est chef de famille ; il eût été illogique de conférer à un tiers la gestion du patrimoine de l'enfant ; une semblable mesure aurait porté atteinte à son autorité et aurait nui à la bonne direction des affaires domestiques. La situation du père naturel est tout autre ; si la loi lui avait accordé la jouissance des biens de l'enfant, il eût été à craindre que le désir de s'emparer de l'administration des biens donnés à un enfant par un étranger généreux, par sa mère demeurée inconnue, peut-être par son véritable père, ne soit devenu le motif d'un aveu de paternité mensonger et intéressé. A très peu d'exceptions près, tous les auteurs sont de cet avis. Si le père naturel n'a pas l'administration des biens de l'enfant, par qui seront administrés ces biens? Tous les auteurs admettent qu'ils le seront par un tuteur; quel est ce tuteur et comment est-il nommé? Aucun texte n'accorde aux parents naturels la tutelle légitime et le droit de nommer un tuteur à l'enfant par testament; bien plus, en accordant au père naturel la tutelle de son enfant, on s'expose à l'inconvénient que présente l'administration des biens par ce père naturel; la tutelle sera donc, dès la naissance de l'enfant, déférée par un conseil de famille; pour la composition de ce conseil de famille on prendra des parents du père et de la mère; il a même été jugé que l'on peut ne choisir que des parents du père, si tel est l'intérêt de l'enfant.

L'enfant naturel reconnu, qui voudra se marier, devra observer les prescriptions de la loi relativement au consentement des père et mère et aux actes respectueux; le père et la mère qui ont reconnu leur enfant peuvent accepter ou refuser la donation qui lui est offerte par un étranger, pendant sa minorité, conformément à l'art. 935, § 3.

La loi est muette sur l'obligation, pour les parents naturels, de pourvoir aux frais de nourriture, d'entretien et d'éducation de l'enfant qu'ils ont reconnu. Elle ne s'explique pas non plus sur la question de savoir si l'enfant, devenu majeur, a le droit de leur demander des aliments. Malgré le silence de la loi, on est d'accord pour reconnaitre que les parents, en reconnaissant un enfant naturel, s'obligent à supporter définitivement toutes les charges correspondant aux droits d'éducation et de garde que la loi leur accorde. On décide aussi, sans trop de difficultés, que la dette alimentaire existe également au profit des père et mère, ou de celui des deux parents qui a reconnu l'enfant.

D'ailleurs, l'enfant naturel n'entre pas dans la famille de ses père et mère, les parents de ceux-ci sont pour lui des étrangers.

Quels sont les droits de l'enfant naturel dans la succession de ses père et mère? Le Code civil avait consacré les droits successoraux des enfants naturels qui étaient classés parmi les successeurs irréguliers; les dispositions du Code civil, relatives à cette matière, ont été modifiées par la loi du 25 mars 1896, donnant aux enfants naturels le titre d'héritier. Nous allons examiner rapidement le système du Code civil et les modifications apportées par la loi du 25 mars 1896.

D'après le Code civil, les enfants naturels ne sont point héritiers; c'est ce que nous dit l'art. 756; ce sont des successeurs irréguliers, privés à ce titre de la saisine, et obligés en conséquence de demander l'envoi en possession. Pour déterminer le montant du droit héréditaire de l'enfant naturel, il y a lieu de distinguer s'il se trouve ou non en concours avec des héritiers légitimes; même en présence des héritiers légitimes les plus favorables, l'enfant naturel a un droit dans la succession de ses père et mère; ce droit est, dans tous les cas, mesuré sur celui d'un enfant légitime, en ce sens qu'il est toujours d'une quote-part de ce qu'il aurait obtenu, s'il avait été légitime. L'ancien art. 757 distingue trois hypothèses.

Si le père et la mère ont laissé des descendants légitimes, le droit de l'enfant naturel est d'un tiers de la portion héréditaire qu'il aurait obtenue s'il avait été légitime. Ainsi : le défunt laisse un enfant légitime et un enfant naturel; si cet enfant naturel avait été légitime, sa part eût été de la moitié de la succession ; un tiers de cette moitié lui donne un sixième ; le reste, c'est-à-dire cinq sixièmes, appartiendra à l'enfant légitime.

Si le défunt ne laisse pas de descendants légitimes, mais seulement des ascendants ou des frères et sœurs, la part de l'enfant naturel est de la moitié de celle que la loi attribue à un enfant légitime ; elle est donc de la moitié de la succession puisque dans la même hypothèse un enfant légitime recueillerait la totalité.

Enfin, si le défunt ne laisse que des collatéraux ordinaires, la part de l'enfant naturel est des trois quarts de ce qu'eût obtenu un enfant légitime, donc des trois quarts de la succession. Telles sont les hypothèses réglées par l'ancien art. 757, au cas où le défunt laisse des héritiers légitimes venant en concours avec l'enfant naturel.

Si le défunt ne laisse pas d'héritiers légitimes, l'art. 758 dispose que l'enfant naturel recueillera la totalité de la succession ; il est donc préféré au conjoint survivant et à l'Etat.

L'ancien art. 759 accorde aux enfants ou descendants légitimes de l'enfant naturel l'avantage d'arriver à la succession de leur aïeul par représentation de leur père prédécédé.

Tels sont les droits héréditaires de l'enfant naturel : ils constituent un maximum ; le législateur, craignant que les père et mère naturels n'éludent par fraude ces dispositions, en accordant à leurs enfants naturels des avantages plus considérables, dispose dans les art. 908 : « Les enfants » naturels ne pourront par donation entre vifs ou par tes- » tament rien recevoir au delà de ce qui leur est accordé » au titre des successions, » et 760 : « L'enfant naturel » ou ses descendants sont tenus d'imputer sur ce qu'ils ont

» droit de prétendre, tout ce qu'ils ont reçu du père ou de » la mère dont la succession est ouverte, et qui serait sujet » à rapport d'après les règles établies à la sect. II du » chap. VI du présent titre. »

Ces dispositions ont pour but de déterminer la portion de la succession de ses père et mère qui revient à l'enfant naturel, et qui ne peut être augmentée. Peut-elle être diminuée par la volonté des parents? Oui, évidemment, cela n'est pas contestable. Peut-elle être complètement annihilée par des dispositions entre vifs ou testamentaires? L'enfant naturel a-t-il droit à une réserve? L'art. 761 en suppose une nécessairement; puisqu'il donne au père naturel le moyen de prévenir toute réclamation de la part de l'enfant, c'est que évidemment, si ce moyen était négligé, la réclamation serait possible; cette solution, au début contestée par les premiers commentateurs du Code civil est aujourd'hui généralement reçue par les auteurs et consacrée par une jurisprudence constante. L'enfant naturel a donc une réserve; quelle est sa quotité? L'art. 757, qui contient le principe qui a servi à déterminer la quotité du droit héréditaire de l'enfant naturel, nous donne une base qui permet d'évaluer le montant de son droit de réserve. En effet, le droit de succession que l'art. 757 attribue à l'enfant naturel a pour type le droit qui appartient à l'enfant légitime. La différence entre le droit de succession de l'enfant naturel et celui de l'enfant légitime consiste en ce que le premier est moins étendu que le second, mais sa nature, au point de vue auquel nous nous plaçons, est la même. « Il » suffira donc, nous dit M. Baudry Lacantinerie, d'appli- » quer pour la fixation de cette réserve (de l'enfant naturel) » le principe que la loi établit pour la fixation de la part » héréditaire de l'enfant naturel, c'est-à-dire qu'il faudra

» rechercher quelle aurait été la réserve de l'enfant natu-
» rel, s'il eût été légitime, et lui en attribuer le tiers, la
» moitié, les trois quarts ou la totalité, suivant les distinc-
» tions contenues dans les art. 757 et 758. » M. Baudry-Lacantinerie. *Précis de droit civil,* t. II, n° 412.

Nous avons parlé d'un moyen mis à la disposition du père naturel pour prévenir toute réclamation de la part de son enfant; il nous est indiqué par l'art. 761 : « Toute récla-
» mation leur est interdite (aux enfants naturels), lors-
» qu'ils ont reçu, du vivant de leur père ou de leur mère,
» la moitié de ce qui leur est attribué par les articles pré-
» cédents, avec déclaration expresse, de la part de leur
» père ou mère, que leur intention est de réduire l'enfant
» naturel à la portion qu'ils lui ont assignée. Dans le cas
» où cette portion est inférieure à la moitié de ce qui de-
» vrait revenir à l'enfant naturel, il ne pourra réclamer
» que le supplément nécessaire pour parfaire cette moitié. »

Tel est dans ses grandes lignes le système adopté par les rédacteurs du Code civil relativement au droit de succession de l'enfant naturel simple, c'est-à-dire issu d'un homme et d'une femme libres, et entre lesquels n'existe aucun lien de parenté de nature à constituer un empêchement au mariage. Quant aux enfants adultérins et incestueux le Code civil s'est montré rigoureux à leur égard, il ne leur accorde que des aliments qui seront, nous dit l'art. 763, « ... réglés, eu égard aux facultés du père et
» de la mère, au nombre et à la qualité des héritiers légi-
» times. » Et encore, : « Lorsque le père ou la mère de
» l'enfant adultérin ou incestueux lui auront fait apprendre
» un art mécanique, ou lorsque l'un d'eux lui aura assuré
» les aliments de son vivant, l'enfant ne pourra élever
» aucune réclamation contre leur succession. »

On a soutenu que l'enfant naturel n'avait qu'un droit de créance contre la succession de ses parents, mais cette opinion est aujourd'hui complètement abandonnée. Dans le projet discuté devant le Conseil d'État il a été effectivement question d'un droit de créance; mais le mot « créance » a été écarté de la rédaction définitive sur une observation du consul Cambacérès. L'enfant naturel n'est pas héritier, mais il participe à la succession; il n'est qu'un simple successeur aux biens, mais il acquiert un droit réel, un droit de propriété sur la masse héréditaire. Son droit diffère de celui de l'enfant légitime, sous deux aspects : au point de vue de la saisine, et au point de vue de la quotité, mais il est identique quant à sa nature; c'est ce que nous prouve la rubrique de la section où se trouve notre art. 756 « des droits des enfants naturels sur les biens de leur père ou de leur mère. » L'art. 757 lui accorde une « portion héréditaire » et l'art. 723 lui attribue la totalité de la succession en disant qu'à défaut d'héritiers légitimes, « les biens passent » aux enfants naturels. Le droit héréditaire de l'enfant naturel consiste donc en un « *jus in re* » de même nature que celui de l'héritier légitime.

Nous avons dit qu'il existait deux différences entre le droit de l'enfant naturel et celui de l'enfant légitime : au point de vue de la saisine et au point de vue de la quotité. La première de ces différences a été effacée par la loi du 25 mars 1896, la seconde a été considérablement atténuée.

L'art. 724 du Code civil nous enseigne : « Les héritiers » légitimes sont saisis de plein droit des biens... » L'ancien art. 756 refusait aux enfants naturels la qualité d'héritiers; il ne pouvait donc être question de leur accorder la saisine : l'investiture légale et de plein droit de la possession des biens héréditaires. Le nouvel art. 756, tel que l'a fait la loi du 25 mars 1896, en décide autrement : «... Les enfants naturels légalement reconnus sont appelés en qualité d'héritiers à la succession de leur père ou de leur mère décédé. » Ils auront donc la saisine, et avec elle les avantages considérables qui y sont attachés, réservés par le Code civil aux seuls héritiers légitimes.

Le droit de l'enfant naturel était différent de celui de l'enfant légitime quant à sa quotité : son droit héréditaire au cas de succession *ab intestat* était moins considérable; la doctrine et la jurisprudence lui accordaient une réserve, mais cette réserve était moins étendue. Nous avons vu que, pour connaître le montant du droit héréditaire de l'enfant naturel dans la succession de ses père et mère, il fallait distinguer trois hypothèses : 1° Celle où l'enfant se trouve en concours avec des enfants ou descendants légitimes; 2° Celle où le défunt n'a pas laissé d'enfants légitimes, mais seulement des ascendants ou des collatéraux privilégiés; 3° Celle où la succession doit être partagée entre l'enfant naturel et des collatéraux ordinaires. Dans la première hypothèse, l'ancien art. 757 accordait à l'enfant naturel un tiers de ce qu'il aurait obtenu s'il eût été légitime; le nouvel art. 758 décide, en ce qui concerne son droit héréditaire : « Si le père ou la mère a laissé des » descendants légitimes, ce droit est de la moitié de la » portion héréditaire qu'il aurait eue s'il eût été légitime. »

Dans la seconde hypothèse, celle du concours de l'enfant naturel avec des ascendants du défunt ou des collatéraux privilégiés, l'ancien art. 757 ne donnait à l'enfant naturel que la moitié de la part attribuée par la loi à l'enfant légitime dans les mêmes conditions; le nouvel art. 759 donne à l'enfant naturel les trois quarts de ce qu'il aurait eu s'il eût été légitime, par conséquent les trois quarts de la succession tout entière, puisque l'enfant légitime ne subit pas le concours des ascendants ni des collatéraux du défunt. Enfin, dans la troisième hypothèse, où l'enfant naturel se trouve en présence de collatéraux ordinaires, le Code civil ne lui donnait droit qu'aux trois quarts de la succession; la loi nouvelle lui attribue la totalité de cette succession; c'est ce que nous dit l'art. 760 nouveau : « L'enfant naturel a droit à la totalité des biens lorsque » ses père ou mère ne laissent ni descendants ni ascen- » dants, ni frères ou sœurs, ni descendants légitimes de » frères ou sœurs. »

Nous avons dit que la doctrine et la jurisprudence accordaient à l'enfant naturel une réserve, sous l'empire du Code civil qui, s'il ne consacrait pas expressément ce droit à une réserve, le laissait cependant supposer, d'une façon qui ne permettait guère la discussion. La nouvelle loi, pour supprimer tout motif de controverse, a disposé dans le nouvel art. 913, al. 2 : « L'enfant naturel léga- » lement reconnu a droit à une réserve; cette réserve est » une quotité de celle qu'il aurait eue s'il eût été légitime, » calculée en observant la proportion qui existe entre la » portion attribuée à l'enfant naturel au cas de succession » *ab intestat* et celle qu'il aurait eue dans le même cas » s'il eût été légitime. »

C'est la consécration du système de la jurisprudence; la réserve de l'enfant naturel est calquée sur son droit héréditaire dans la succession *ab intestat*, cette solution est logique; la réserve est une partie de la succession, il est tout naturel que l'on applique à la partie la même règle qu'à l'entier. L'art. 761, qui accordait au père naturel la faculté d'écarter son enfant de sa succession, en lui donnant de son vivant la moitié de ce qui lui était attribué par la loi, n'a pas trouvé grâce auprès des législateurs de 1896; il a été supprimé, et ainsi se trouvent closes de nombreuses controverses que l'interprétation de ce texte avait soulevées; la plus considérable portait sur le point de savoir si cette réduction des droits successifs de l'enfant naturel pouvait lui être imposée par le père ou par la mère, ou si au contraire l'acceptation de l'enfant naturel était requise par la loi. La majorité des auteurs exigeait cette acceptation. La jurisprudence avait suivi le système opposé. Cassation 1888, S. 88, 1, 217. D. 88, 1, 209.

L'art. 908 du Code civil a été modifié et, d'après la nouvelle rédaction de cet article, l'enfant naturel n'est plus frappé d'une incapacité complète d'être gratifié par ses père et mère de libéralités excédant sa part successorale; il n'est plus incapable de recevoir au delà de cette part que lorsque la libéralité a eu lieu par donations entre vifs, et encore cette incapacité ne peut être invoquée que par les enfants et descendants du *de cujus*, ses ascendants, ses frères et sœurs ou descendants d'eux; il peut recevoir par legs au delà de sa part, avec cette seule restriction que ce qu'il recueille n'excède pas la part de l'enfant légitime le moins prenant.

Telles sont les modifications apportées par la loi du 25 mars 1896 au droit successoral de l'enfant naturel. Nous savons donc maintenant quelle est dans notre législation française actuelle la situation de l'enfant naturel reconnu. Le Code civil lui accordait des avantages déjà considérables; la loi de 1896 les a étendus et a presque assimilé les enfants naturels aux enfants légitimes; si cette assimilation n'a pas été complète, c'est un peu, sans doute, parce que nos législateurs ont craint de voir l'union libre supplanter un jour le mariage, en accordant aux enfants issus de cette union la même protection qu'aux enfants nés du mariage ; mais c'est aussi, croyons-nous, parce que l'équité qui assimile les enfants naturels aux enfants légitimes n'eût été qu'apparente ; on s'est arrêté à cette idée qu'il n'était pas juste que l'enfant naturel ait dans la succession paternelle la même part que l'enfant légitime sur la fortune que le père a pu réaliser au moyen de la dot de l'épouse légitime, et sur les biens que les conventions matrimoniales ont donnés à ce père.

Nous nous ferions cependant une idée incomplète de la question qui fait l'objet de notre travail, si nous passions sous silence différentes solutions admises par la jurisprudence en matière de dommages et intérêts accordés à la mère abandonnée par le père de son enfant. Ces dommages et intérêts se rapprochent tellement de la recherche de la paternité, ils ont, selon nous, une telle importance, que nous ne pouvons les négliger.

§ 4. — *Solutions adoptées par la jurisprudence sur la demande en dommages-intérêts fondée sur la naissance d'un enfant.*

La question que nous avons à examiner maintenant se rapproche beaucoup, avons-nous dit, de celle de la recherche de la paternité ; et, au point de vue du scandale causé, les deux actions se confondent : « Elles passent par » les mêmes phases de procédure, nous dit M. Bérenger [1], » elles mettent en œuvre les mêmes moyens de preuve, et » se fondent sur la même nature de faits. Leur seule » différence, c'est que l'une aboutit à la paternité et que

(1) M. Bérenger, séance du 6 décembre 1883, *Annales du Sénat*, p. 245.

» l'autre aboutit simplement, après une reconnaissance » indirecte et interdite de paternité à l'allocation de dom- » mages-intérêts. » Aussi, voyons-nous un auteur, qui se refuse à admettre la recherche de la paternité, parce que, dit-il, elle porterait atteinte à la liberté individuelle! M. Berthauld, protester contre les dommages et intérêts que la jurisprudence accorde aux filles-mères : « Cependant » la jurisprudence qui a d'abord, avec beaucoup de réserve » et timidement, ouvert la porte aux actions pour préju- » dice matériel et moral, résultant de la violation d'une » promesse de mariage, quand cette promesse ne pouvait » être contestée, sert aujourd'hui de point de départ à une » théorie aussi contraire aux intérêts de la société qu'au » texte de nos lois; les filles-mères abordent sans voile la » justice [1]. »

Les travaux préparatoires du Code civil nous montrent bien quelle a été la pensée de nos législateurs; ils ont voulu, en interdisant d'une façon absolue la recherche de la paternité, déclarer non recevables les demandes en dommages et intérêts de la part des filles-mères. La question fut posée au Conseil d'Etat dans la séance du 26 brumaire an X, et une proposition de M. Defernon, favorable aux filles séduites fut formellement rejetée [2].

Dans les premières années qui suivirent la promulgation du Code civil, la jurisprudence appliqua, dans toute sa rigueur, le principe de l'interdiction de la recherche de la paternité. Un arrêt de la Cour de cassation du 26 mars 1806 décide, conformément à l'art. 340 : « Attendu que » toute recherche de paternité est abolie, non seulement » par rapport aux droits successifs, mais encore relati-

(1) M. Berthauld, *Revue critique*, t. XXI, année 1862, pp. 1 et suiv.
(2) Locré, *Leg. civ.* T. VI.

» vement aux aliments pour l'enfant, aux frais de gésine » et aux dommages-intérêts pour la mère, par la raison » que la paternité étant indivisible, un homme ne peut » être père pour un cas, et ne pas l'être pour l'autre; » qu'en condamnant M... à des dommages-intérêts et » aux frais de gésine, le tribunal a violé l'art. 340, par » ces motifs, casse... etc[1]. »

Vers 1840, il se manifeste une réaction sensible dans les juridictions de tout ordre, en faveur des femmes abandonnées par leurs séducteurs, et la Cour de cassation condamnant ses anciennes théories, entra dans une voie d'où, depuis lors, elle n'est plus sortie. Des jurisconsultes éminents, animés du même esprit que les tribunaux, s'ingénient à trouver des biais subtils pour éluder la prohibition de l'art. 340. M. Morelot conseille aux magistrats de protester de leur respect pour la loi, en déclarant que la paternité n'est pas recherchée; de citer l'art. 1382, aux termes duquel tout fait de l'homme qui cause à autrui un dommage oblige celui par la faute duquel il est arrivé à le réparer; de dire que la séduction rentre dans cet ordre de faits prévus par l'art. 1382; d'établir que la fille devenue mère, par le fait d'un tiers, a subi un dommage et a droit à une réparation.......

« La seule précaution à prendre, nous dit M. Marcadé, (Revue critique de jurisprudence, t. III), sera de laisser ici passer les faits, sans leur donner leur qualification propre, d'admettre les choses en écartant les mots; pleine latitude pour les choses, que les magistrats examineront et apprécieront dans tous leurs détails pour attribuer consciencieusement à la victime toute la réparation qui peut lui être

(1) Dalloz, Rép. *verbo* Paternité.

due, conformément à l'art. 1382, extrême réserve dans les termes, de manière à ne rien écrire dans les pièces de procédure, et surtout dans le jugement, qui contienne une attribution de paternité, l'art. 340 ne le permettant pas. On parlera de la séduction de la fille par l'homme, des rapports intimes qui ont existé entre eux, de la perte de la considération que cet homme a causée à la femme, de l'avenir dont il l'a privée, du préjudice qu'il lui a porté, mais on aura soin de ne préciser nulle part que c'est lui qui l'a rendue mère, que c'est de ses œuvres qu'elle est enceinte, que c'est lui qui a été l'auteur de sa grossesse, attendu que de telles précisions ne sont autre chose que de véritables affirmations de paternité. »

L'autorité judiciaire a appliqué en tous points cette théorie. « Considérant, dit la Cour de Caen (6 juin 1850, D. 55, 2,178), que la réparation doit comprendre notamment la grossesse et l'accouchement de la fille délaissée, qui non seulement la livrent à tous les inconvénients à venir de son honneur perdu, mais encore sont pour elle, dès à présent, une cause de dépenses ; que ce fait de la grossesse ne doit sans doute être pris en considération qu'avec une grande réserve, qu'il ne peut jamais servir de prétexte à une recherche de paternité, formellement interdite par l'art. 340, ni attribuer à l'enfant qui n'a pas été reconnu, conformément à l'art. 334, aucune espèce de droit contre l'homme auquel on l'impute, mais qu'il constitue nécessairement, s'il demeure bien constant, l'un des éléments du dommage dont la mère doit obtenir l'indemnité... »

La Cour de Toulouse (28 nov. 1864) va plus loin ; elle admet en propres termes que la fille abandonnée peut rechercher l'auteur de son infortune pour exiger de lui des dommages et intérêts : « Attendu, dit la Cour, que

S... doit être admise à prouver qu'il est de notoriété publique qu'elle est devenue mère à la suite de ses relations avec G... et que celui-ci en a fait lui-même l'aveu, sans qu'il y ait, au point de vue légal, violation du principe que la recherche de la paternité est interdite ; qu'il ne faut point confondre en effet l'action en recherche de la paternité dans le sens de l'art. 340 et l'action en dommages-intérêts fondée sur le préjudice matériel et moral qui a pu résulter des relations intimes entre le séducteur et la personne séduite, des conséquences de la grossesse et de l'accouchement ; que l'une de ces actions a pour résultat d'établir des rapports de paternité et de filiation d'où naissent des droits et des devoirs respectifs fondés sur un lien légal, que l'autre se renferme dans les limites d'un débat judiciaire sur des éléments d'appréciation, pour déterminer la gravité du préjudice causé et la mesure de la réparation... »

C'est ainsi que les « considérants » les plus invraisemblables se trouvent dans les arrêts et les jugements : « Considérant, dit la Cour de Montpellier, qu'il ne s'agit pas dans la cause de rechercher si S... est le père de l'enfant dont la fille M... est accouchée, mais seulement de savoir si la grossesse de la fille M... est l'œuvre de S... »

M. Demolombe a essayé de justifier cette distinction subtile que fait la jurisprudence entre l'action en recherche de paternité et la demande de dommages-intérêts : « Autre chose, dit-il, est la recherche de la paternité formée par l'enfant, ou en son nom, afin de constater la filiation et d'en obtenir les effets contre l'homme qu'il prétend son père ; autre chose, l'action en dommages-intérêts formée par la femme pour la réparation du préjudice qui lui a été causé par un homme, sur la foi d'une promesse de mariage dont il s'est joué ensuite. Ces deux actions diffèrent sous le double rapport : 1° des personnes qui y figurent, dans l'une l'enfant seulement sans la femme, dans l'autre, au contraire, la femme seulement sans l'enfant; 2° des intérêts qui s'y débattent, la première ne concerne que l'état de l'enfant, la seconde ne concerne que les dommages et intérêts de la femme. »

Pour nous, il est difficile de concilier la loi avec la solution admise par la jurisprudence; sans doute, il existe une différence entre l'action en recherche de paternité intentée par l'enfant et l'action en dommages-intérêts intentée par la femme, mais cette différence n'empêche pas qu'elles soient toutes deux déclarées non recevables par l'art. 340; et d'ailleurs, concevrait-on qu'il pût en être autrement? L'enfant qui cherche son père est un innocent, il n'a commis aucune faute de nature à mériter les rigueurs de la loi : « *Delicta majorum immeritus luet,* » comment le législateur pourrait-il se montrer plus sévère à son égard, en lui interdisant de rechercher son père, qu'il ne se montre vis-à-vis de la fille séduite qui demande à son séducteur la réparation du préjudice qu'elle a subi? C'est pourtant à ce résultat que mène le système de la jurisprudence; elle n'admet pas que l'enfant puisse rechercher son père, parce que l'art. 340 le défend formellement, mais elle permet à la mère délaissée de demander à son séducteur des dommages et intérêts, parce que la loi ne le lui défend pas, dit-elle, en propres termes, et elle prétend que rechercher l'auteur d'une grossesse ce n'est pas rechercher la paternité!

La jurisprudence accorde des dommages-intérêts à la mère, même dans le cas où elle a eu des relations avec un homme marié, ces relations eussent-elles été maintenues pendant longtemps : « Attendu, dit la Cour de Caen (10 juin 1862, D. 1862, 2, 129) que la fille G..., par suite de ses relations coupables avec L..., a vu son avenir brisé ; que sans la séduction dont elle a été victime, elle eût pu vivre honnêtement et devenir une mère de famille honorable ; que c'est par le fait de L... qu'une pareille existence lui a été refusée; qu'elle n'a pas appris un métier qui eût pu lui servir à subvenir à ses besoins, et que c'est encore par la faute de L... qu'elle a été privée de cette ressource. Qu'il lui a donc causé un préjudice grave dont, aux termes de l'art. 1382, il devait être responsable. Considérant que vainement on opposerait à l'action de la fille G... le long temps pendant lequel ses relations coupables avec L... auraient duré... » Il s'agissait, dans l'espèce, d'une fille qui, pendant plus de vingt ans, avait vécu avec un homme marié.

La jurisprudence admet, sans difficulté, les demandes en dommages et intérêts, lorsque la séduction a été amenée par une contrainte morale ou par des manœuvres dolosives.

La contrainte morale peut consister dans l'abus d'une supériorité d'âge, de forces physiques, d'intelligence, de position sociale et de fortune, de la situation de patron ou de fils du patron, de l'influence que donnent les services rendus à la famille, d'une familiarité résultant de l'habitation commune. Dijon, 1861 ; D. 1861, 5, 423. Caen, 1862 ; D. 1862, 2, 129. Dijon, 1868 ; D. 1868, 2, 248. Aix, 1874 ; D. 1876, 2, 81. Bourges, 1879 ; D. 1880, 2, 111. Paris, 1890 ; D. 1891, 2, 309. Tribunal civil d'Angers, 22 juin 1897. Cour d'appel d'Angers, 15 février 1898. Ces différentes solutions sont donc très favorables aux filles-mères : dans presque toutes les contestations relatives aux dommages et intérêts pour séduction, se trouvent réunies beaucoup des circonstances que nous venons d'énumérer. La séduction, du moins celle qui nous occupe, est généralement exercée contre des filles que leur situation malheureuse met à la merci d'un homme, qui ne se fera pas scrupule de tirer parti de sa supériorité de fortune, d'intelligence ou de position sociale pour triompher de leur vertu. Nous disons : la séduction qui nous occupe, car il en existe une autre, dirigée celle-là contre les filles qu'un homme indélicat ne recherche que pour leur fortune, mais dans ce cas, le séducteur ne se fera généralement pas prier pour épouser sa victime.

Les manœuvres dolosives employées par les séducteurs consistent, souvent, en promesses de mariage. Ce principe : que les promesses de mariage ne créent pas un lien de droit, ne saurait s'opposer à ce qu'on les admette comme moyens employés pour séduire une jeune fille. Ce principe, en effet, ne porte que sur la valeur contractuelle de la promesse et le droit d'en exiger soit l'exécution, soit la résolution en dommages et intérêts pour le seul fait de son inexécution ; il n'exclut pas un caractère délictuel ou quasi-délictuel quand les circonstances dans lesquelles la promesse a été faite et rompue, ainsi que le préjudice qui en est résulté, permettent d'y voir une faute dont son auteur est responsable, et notamment lorsqu'elle est un des éléments d'une persévérante séduction auprès d'une jeune fille, circonvenue par des assiduités, des obsessions et des assurances propres à capter sa confiance et à dissimuler le piège tendu à sa pudeur[1].

Il s'est élevé une controverse sur le point de savoir si ces promesses de mariage doivent être prouvées par écrit,

(1) Dalloz, Rép., *verbo* Responsabilité.

ou tout au moins si un commencement de preuve par écrit n'est pas nécessaire pour que la preuve par témoins soit admise. Nous écarterons la nécessité d'un écrit ou d'un commencement de preuve par écrit, en invoquant les raisons que nous exposions tout à l'heure; il ne s'agit pas, en effet, d'exiger l'exécution de la promesse: nous le savons, elle est sans valeur; il s'agit simplement de prouver un fait, c'est-à-dire que le séducteur a employé ce moyen dolosif pour arriver à ses fins; et d'ailleurs : « Il nous » parait plus conforme, nous dit M. F. Dubois[1], aux idées » admises sur la matière, de se contenter de la preuve » par témoins et même par simples présomptions, de ces » promesses qui, dans la pratique, ne se contractent » qu'oralement comme des engagements d'honneur; il » répugne à la délicatesse de tout honnête homme de con- » signer par écrit de telles conventions. » Nous ajouterons qu'il répugne encore plus à une femme d'en exiger.

En résumé, nous avons trouvé dans la législation actuelle un principe rigoureux, posé par l'art. 340, interdisant la recherche de la paternité, et une exception à ce même principe, exigeant un concours de circonstances qui se présenteront si rarement que le principe demeure pour ainsi dire absolu; mais si nous considérons la règle, dans l'application qu'en a faite la jurisprudence, nous devons reconnaître qu'elle a été singulièrement atténuée, presque méconnue; tel est le sort réservé aux dispositions de la loi positive qui se trouvent en désaccord avec la loi naturelle, et c'est ce qui explique les efforts qui ont été tentés pour supprimer de nos Codes l'art. 340, à l'étude desquels nous consacrerons le chapitre suivant.

(1) F. Dubois, *Les fiançailles et promesses de mariage.*

CHAPITRE IV

Projets de lois tendant à la recherche de la paternité.

Le premier en date fut celui présenté au Sénat par M. Bérenger, le 16 février 1878. Il était ainsi conçu :

Art. 1. — La recherche de la paternité est interdite, sauf les cas : 1° d'enlèvement, de viol, de séduction, lorsque l'époque de l'enlèvement, du viol ou de la séduction se rapporte à celle de la conception ; 2° de possession d'état dans les conditions prévues par l'art. 321 du Code civil.

Art. 2. — L'action en recherche de la paternité ne peut être intentée que par l'enfant ou en son nom. Elle se prescrit par six mois, à dater de sa majorité. Elle ne peut être exercée, pendant sa minorité, qu'après l'avis favorable du conseil de famille et la désignation d'un tuteur *ad hoc* chargé de le représenter dans l'instance.

Art. 3. — Elle est soumise à l'accomplissement des formalités prescrites, en matière de séparation de corps, par les art. 875, 876, 877, 878, §§ 1 et 2, et 879 du Code de procédure civile.

Art. 4. — La preuve par témoins n'est admise que dans les conditions de l'art. 323 et sous réserve de l'art. 324 du Code civil.

Une Commission[1] fut chargée d'examiner cette propo-

(1) Cette Commission se composait de : MM. Batbie, président, Jules Cazot, secrétaire, Casimir Fournier, Ribière, Lacomme, Bérenger, Gilbert Boucher, Victor Lefranc, Tailhand.

sition de loi; le secrétaire de la Commission, M. Jules Cazot, déposa, le 16 novembre 1883, un rapport concluant au rejet de la proposition.

M. Cazot, dans son rapport, fait remarquer que la proposition de loi, tout en posant comme principe l'interdiction de la recherche de la paternité, détruirait, si elle était admise, ce principe, et, qu'en conséquence, si le principe doit être maintenu dans notre législation, il faut le justifier. Il nous fait l'historique de la recherche de la paternité, nous dit qu'elle était permise autrefois, et nous rappelle la maxime : « *Virgini parturienti creditur dicenti se ab aliquo cognitam et ab eo prægnantem. Non item de meretrici, nisi constet eam cohabitasse cum eo a quo se dicit cognitam.* »

Il reconnait que la jurisprudence des Parlements, pour obvier aux inconvénients d'une recherche ainsi organisée, avait, d'une part, exigé la preuve de fréquentations antérieures, et, de l'autre, admis le père putatif à démontrer qu'il n'était pas le père réel : « C'étaient deux palliatifs dérisoires, nous dit-il; l'un laissait la porte ouverte à l'arbitraire, et pouvait donner lieu à l'incrimination des familiarités les plus innocentes; l'autre aboutissait à une véritable impossibilité. »

M. Cazot nous expose ensuite la situation inférieure des enfants naturels sous notre ancienne législation, et en tire cette conclusion que ce n'était pas dans l'intérêt de l'enfant que la recherche de la paternité était admise; qu'elle n'avait d'autre origine « qu'un sentiment d'égoïsme social qui tendait à se satisfaire en créant des responsabilités individuelles pour affranchir la communauté des charges qui lui incombaient. » Le discours de l'avocat général Servan, dont nous avons déjà parlé, n'aurait eu pour but que de supprimer les recherches de paternité, en remplaçant la responsabilité du père par celle de la société, en faisant, de la protection de la fille-mère abandonnée, une question d'assistance publique, de devoir social, qu'il n'était pas permis d'éluder en jetant le désordre dans les familles par des inquisitions scandaleuses et arbitraires.

La loi du 12 brumaire an II aurait consacré cette doctrine que le Code civil de 1804 a maintenue, tout en réagissant, dans une juste mesure commandée par la prééminence due au mariage, contre les exagérations de la loi de l'an II, consistant dans l'assimilation des enfants naturels aux enfants légitimes; le Code civil, en interdisant la recherche de la paternité, aurait obéi à des nécessités d'ordre supérieur, exposées dans les travaux préparatoires, et qui ont conservé toute leur valeur encore aujourd'hui. C'est le principe même de la recherche qui est défectueux : l'honnête homme aurait tout à craindre : « Il se verrait imputer des légèretés, des imprudences, des familiarités sans conséquence, insuffisantes pour motiver une condamnation; » même indemne devant les tribunaux, il ne le serait pas devant l'opinion publique; et, pour éviter cette flétrissure morale, beaucoup de pères prétendus consentiraient des sacrifices pécuniaires très lourds.

La preuve de la paternité est impossible directement, et ne peut se faire ici indirectement comme dans le mariage par la présomption : *Pater is est quem justæ nuptiæ demonstrant.*

Ce n'est point en mettant dans les plateaux d'une balance idéale, d'un côté la puissance de l'attaque, de l'autre celle de la résistance, qu'on peut expliquer la rupture de l'équilibre au profit de la première. Les lois n'ont pas la puissance suffisante pour étouffer les passions :

« Ce n'est point à cette mesure abstraite qu'elles se soumettent; » la dépravation des mœurs ne serait pas le résultat des lois, mais du régime économique nouveau qui a fait son apparition après les guerres de la République et de l'Empire. « D'immenses ateliers se sont ouverts, agglomérant autour d'eux, dans une grande ville, toute une population d'ouvriers; les conditions du travail ont été complètement changées; il n'est plus concentré dans la famille, sous les influences moralisatrices du foyer domestique; il a été transplanté dans l'atelier commun. » C'est là que l'on doit chercher la cause de la corruption qui a pénétré jusqu'aux dernières couches de la population.

En France, le nombre proportionnel des naissances illégitimes est de 7,35 sur 100 naissances; en Bavière, ce nombre est de 16,47; en Autriche, de 13,46; en Prusse, de 7,75. Le rapporteur en conclut que la dépravation des mœurs n'est pas moindre dans ces pays, qui admettent la recherche de la paternité, qu'en France, où cette recherche est interdite.

Il ne serait pas rare de rencontrer des femmes qui ont joué le rôle principal dans la séduction; au contraire, c'est rarement l'homme qui, par la supériorité de son âge, de sa position, l'abus de son autorité, des artifices coupables, la violence qu'il a exercée, détermine la faiblesse de la femme.

La séduction est punie lorsqu'elle est dirigée contre une jeune fille mineure de 16 ans.

En 1810, un projet de loi a été préparé, tendant à punir d'un emprisonnement dont la durée serait à déterminer la séduction des filles mineures au-dessus de seize ans; peut-être y aurait-il lieu de reprendre ce projet, et d'admettre la discussion sur ce point. Mais, en attendant, la séduction caractérisée ne reste pas impunie. La jurisprudence accorde, dans ce cas, une réparation civile; cette jurisprudence peut-elle être justifiée en droit? La Commission n'avait pas à examiner cette question d'interprétation doctrinale, mais pouvait-on voir une recherche aux termes de l'art. 340 dans les conséquences tirées d'une faute constatée, avouée par celui-là même qui s'en est rendu coupable? et la jurisprudence n'a-t-elle pas eu raison en appliquant l'art. 1382?

Quoi qu'on pense de cette jurisprudence, on ne saurait y voir de la part des magistrats une critique de l'art. 340; on connaît la répugnance que leur inspire, en général, toute tentative d'innovation relative à notre Code civil.

Le droit de l'enfant de rechercher son père est incontestable, mais, comme tous les autres droits, il a des bornes; la première, c'est la nécessité pour l'enfant naturel de produire ses titres, d'apporter ses preuves : il ne peut en fournir; la seconde est que son droit se heurte aux droits de la famille légitime; une troisième résulte de la nature même de la filiation naturelle : on ne peut permettre la recherche de la paternité adultérine et incestueuse, et cependant on ne voit pas pourquoi l'auteur d'une grossesse, simplement naturelle, resterait seul exposé à la recherche de la paternité, tandis que l'homme, cent fois plus coupable, qui n'a pas reculé devant l'adultère ou l'inceste, jouirait de l'immunité la plus entière.

M. Cazot constate que la recherche de la paternité est admise en Bavière, en Autriche, en Angleterre, en Prusse, dans le droit commun allemand, dans les cantons d'Argovie, de Bâle, de Berne, de Fribourg, de Lucerne, de Soleure, de Zurich..., et que dans ces pays les enfants naturels n'ont, pour ainsi dire, droit qu'à des aliments, au strict nécessaire. « Que faut-il conclure de tout cela? C'est que l'importance des droits qui leur sont accordés est en raison inverse de la facilité de la recherche, et que, dès lors, l'autorité de ces législations ne saurait être invoquée à l'appui d'une réforme, qui ne se borne pas comme elles à des secours en aliments, limités par quelques-unes à un certain temps, mais qui voudrait fonder l'état des enfants naturels, avec les droits de famille qui en sont l'attribut, sur la recherche de la paternité, et dans les cas où celle-ci serait permise. »

Le rapporteur passe en revue les cas dans lesquels l'auteur de la proposition de loi veut que la recherche de la paternité soit admise.

L'enlèvement : le Code civil l'admet; il n'y a donc pas d'innovation à ce sujet.

Le viol : il y a controverse sur la question de savoir si le viol est compris dans l'exception de l'art. 340 (nous l'avons exposée en parlant de cette exception); la jurisprudence n'a jamais eu l'occasion de se prononcer sur la question qui ne s'est jamais présentée dans la pratique.

La séduction : M. Cazot nous dit qu'il s'est déjà expliqué à ce sujet; nous avons vu, en effet, qu'il admet que la femme est aussi souvent coupable que l'homme, et que si l'on peut convaincre ce dernier d'une séduction caractérisée, la jurisprudence accorde à la femme des dommages-intérêts.

Enfin, la possession d'état : Le rapporteur reconnaît que le Code civil a eu raison de décider dans son art. 320 que la possession d'état prouve la filiation légitime; elle s'établit alors par une réunion de faits qui indiquent suffisamment les rapports qui existent entre un individu et la famille à laquelle il prétend appartenir; les principaux de ces faits sont :

Que l'individu a toujours porté le nom du père qu'il prétend être le sien.

Que le père l'a toujours traité comme son enfant.

Qu'il a été reconnu constamment comme tel dans la société; qu'il en a été de même dans la famille.

Mais la possession d'état ne pourrait être admise comme preuve de la filiation naturelle, car l'enfant ne peut réunir *tractatus*, *nomen*, *fama*; et, d'ailleurs, cette situation faite à l'enfant est encore la meilleure; l'homme qui prend soin de lui n'a pas évidemment l'intention d'être considéré comme son père, car si telle était son intention, il lui serait facile de le reconnaître; s'il ne reconnaît pas cet enfant comme le sien, c'est qu'il ne veut pas aller au delà de l'entretien et de l'éducation, et si sa pensée pouvait être plus tard étendue au delà des limites qu'il lui a tracées dans son esprit, par une recherche destinée à établir des rapports de filiation, il se gardera de ces soins auxquels il a entendu se borner, et l'enfant courra le risque d'être voué à un complet abandon. Le rapporteur reconnaît que la condition de l'enfant est, dans ce cas, incertaine, soumise à un simple changement de volonté; on pourrait peut-être admettre que des soins accordés par un homme à un enfant naît l'obligation naturelle de les continuer, à la charge de celui qui s'en est ainsi constitué débiteur et de ses héritiers.

M. Cazot termine son rapport par l'examen du système de procédure contenu dans les art. 2, 3 et 4 de la proposition de loi; il estime que cette procédure serait injuste, frustratoire, périlleuse et contraire à la raison du droit. Nous sommes entièrement de son avis quand il nous dit que l'état des personnes ne se prescrit pas, contrairement à l'art. 2 du projet qui voudrait que l'action en recherche de paternité soit prescrite par six mois, à dater de la majorité de l'enfant. Comme lui nous ne voyons pas l'utilité du tuteur *ad hoc*, ni celle du conseil de famille, forcément composé des amis de la mère; pas plus que celle d'une tentative de conciliation devant le président du tribunal.

La Commission conclut au rejet de la proposition de loi. La discussion eut lieu dans les séances du Sénat des 6, 8 et 10 décembre 1883.

M. Bérenger se défend d'avoir voulu détruire le principe de l'art. 340, et lui substituer une disposition contraire; son but est, tout en reconnaissant le bien fondé de la règle, d'étendre l'exception à un certain nombre de cas strictement limités. Il se plaint de ce que la Commission chargée d'examiner le projet de loi ait été composée presque exclusivement de jurisconsultes, peu disposés, à son avis, à modifier le Code civil. L'objet de sa proposition de loi a donné lieu à de très vives controverses : parmi les partisans de la recherche de la paternité on peut compter des hommes professant les opinions politiques et religieuses les plus opposées, aussi beaucoup de systèmes ont été proposés; ils peuvent se ramener à trois :

Une première doctrine réclame l'assimilation complète des enfants naturels aux enfants légitimes (1).

Une seconde doctrine accorde la recherche de la paternité à tous les enfants naturels, quels qu'ils soient.

Enfin, une troisième doctrine, dont le projet de loi est l'expression, admet le principe de l'art. 340 qui a pour but

(1) M. E. Accolas exige plus de faveurs pour l'enfant naturel : « A l'enfant le plus faible, le plus de droit dans la famille, et, si la famille manque, le plus de droit dans la société. » *Du droit de l'enfant naturel.*

d'empêcher une fille de mauvaises mœurs de venir réclamer une paternité douteuse, et de préserver l'homme honnête de demandes uniquement inspirées par une pensée de spéculation, de chantage, mais estime que la loi en a exagéré les conséquences, et demande à entrer plus avant dans la voie des exceptions admises par le Code lui-même.

Les abus qui se sont produits sous l'ancienne législation étaient dus à la maxime « *Creditur virgini parturienti.* » Le Code civil, en consacrant la doctrine contraire, en interdisant la recherche de la paternité d'une façon presque absolue, a fait naître les situations les plus intéressantes, les plus dignes de pitié, et les tribunaux placés dans l'impossibilité de reconnaître les droits démontrés par les circonstances les plus irrécusables, la sévérité draconienne de la loi leur défendant de proclamer la paternité, ont du moins accordé à la mère des dommages-intérêts contre celui qu'ils reconnaissaient comme l'auteur de sa grossesse. M. Bérenger, tout en approuvant cette jurisprudence, juste en équité, la déclare absolument contraire au texte de la loi : « Comment est-il possible d'attribuer à une femme des dommages-intérêts fondés sur la naissance d'un enfant, et de faire peser ces dommages-intérêts sur l'homme qu'elle inculpe sans reconnaître par cela même sa paternité? Comment est-il possible d'accorder aux enfants une pension alimentaire, sans imputer par cela même la paternité à celui qu'on y condamne? » Il en tire la conclusion, la seule admissible selon nous, diamétralement opposée à celle de M. Cazot, que cette jurisprudence est une négation de la loi : « Lorsque de pareilles protestations se produisent de la part de la magistrature, on peut dire qu'une loi est condamnée. Les magistrats en acceptant ainsi à côté de la seule exception de la loi un certain nombre d'autres cas dont l'équité s'est imposée à leur conscience, reconnaissent que la loi ne peut avec justice être appliquée dans toute sa rigueur. »

Il n'est pas admissible que les arrêts se substituent aux lois; si la magistrature a raison il faut réformer le texte de la loi; si elle a tort, il faut par une mesure législative revenir d'une manière plus énergique au texte du Code civil.

Les législateurs de 1803 voulaient, en interdisant les recherches de paternité, tarir la source des scandales résultant de ces recherches; ils ont fait naître un scandale bien plus grand : celui de l'immunité accordée au père qui nie la paternité, même après l'avoir reconnue, qui reste libre, de par la loi, de chasser de son domicile la mère qu'il a séduite, et l'enfant auquel il a laissé porter son nom, pour courir à d'autres plaisirs, sans souci de la responsabilité morale qui pèse sur lui.

Non seulement la magistrature a reconnu que la loi est excessive, mais le jury lui-même, expression de la volonté populaire, acquitte les filles-mères qui tuent leurs amants; mis en présence de la misère créée par l'abandon, il excuse celles qui en sortent violemment, même par le crime.

L'orateur s'étonne de ce que la Commission chargée d'examiner le projet de loi ait déclaré, en présence de faits aussi probants, qu'il n'y avait rien à faire; car elle avait le droit d'amender, de substituer telle disposition à telle autre; elle avait le droit, reconnaissant le mal, de proposer même des remèdes entièrement différents.

Le seul argument qui puisse être opposé à la recherche de la paternité est celui tiré du scandale qui peut résulter de cette recherche. Cet argument peut être invoqué par ceux qui blâment la jurisprudence accordant des dommages-intérêts à la mère, mais non par ceux qui l'approuvent. Le scandale est tout aussi possible pour une demande en dommages-intérêts que pour une demande de paternité, les deux actions sont les mêmes, elles ne diffèrent que par le but qu'elles poursuivent.

La paternité n'est pas susceptible de preuve matérielle, soit! mais est-ce à dire qu'elle ne peut faire l'objet d'aucune preuve? Pourquoi exiger ici un ordre de preuve qui n'est plus réclamé pour aucune autre partie de notre droit? Faut-il revenir, pour cette seule matière, à la jurisprudence des parlements et au formalisme du Moyen-Age?

On a objecté que la séduction est un fait vague, presque impossible à définir : La doctrine des tribunaux est faite depuis longtemps sur ce point; on peut s'en rapporter à eux pour la prudence et la sagesse avec laquelle ils l'ont formée. Ils ont, par de nombreuses décisions, reconnu les traits principaux qui caractérisent la séduction.

M. Bérenger repousse la conclusion de la Commission qui, après avoir constaté le mal, veut le laisser subsister.

M. Cazot défend le rapport qu'il a déposé quelques semaines auparavant et que nous avons résumé; il ne veut pas admettre la recherche de la paternité, car ce serait reconnaitre dans la législation une sorte de concubinat, analogue au concubinat romain : « ... On finira par s'habituer à voir dans le Code deux espèces de mariages; l'union légitime qui se célèbre devant la société, devant l'officier de l'état civil, et une espèce de mariage d'ordre inférieur, que vous appellerez, pour voiler les choses sous l'hypocrisie des mots, le concubinat, comme l'appelaient les Romains, et vous aurez établi par là une union inférieure, frappée à l'empreinte légale, et à laquelle un trop grand nombre de personnes finiront par s'habituer. »

D'ailleurs, souvent c'est la femme qui est coupable dans la séduction; il y a bien des cas exceptionnels où l'homme abuse de sa supériorité, de sa fortune, de sa position, mais... *lex statuit de eo quod plerumque fit.*

M. Bérenger fait remarquer au Sénat que le rapporteur de la Commission se met en contradiction avec lui-même, lorsque, d'une part, il estime qu'adopter le projet de loi ce serait détruire la règle de l'art. 340, et que, d'un autre côté, il reconnait que chacune des exceptions que le projet propose de faire admettre ne s'applique qu'à des cas limités.

L'argument tiré de l'impossibilité de la preuve matérielle ne porte pas; cette preuve, si elle est impossible, l'est autant en cas d'enlèvement, où la loi admet une exception à la règle, que dans les autres cas; les auteurs de la proposition de loi ne demandent qu'une chose : que d'autres exceptions soient admises à côté de celle que consacre déjà l'art. 340; et d'ailleurs il faut bien que la preuve puisse se faire, puisque la jurisprudence accorde des dommages-intérêts à la fille-mère séduite et abandonnée; « Avec ce système on arrive à un but faux, car c'est une fausse conception que de dire : Telle preuve suffit pour que l'enfant ait droit à des aliments, mais ne suffit pas à lui donner le droit de porter le nom de son père, de prétendre à sa succession... L'enfant est l'enfant ou il ne l'est pas; s'il n'est pas l'enfant refusez-lui tout, mais s'il prouve, par les moyens autorisés par la loi, la paternité qu'il réclame, donnez-lui tous les droits que la loi y attache. »

Ce n'est pas la femme, mais bien l'homme qui exerce la séduction, par la contrainte morale qui résulte d'abus d'autorité, de force, et surtout des promesses de mariage.

M. Bérenger repousse la solution proposée par M. Cazot au nom de la Commission, et qui consiste à confier à l'assistance publique et à la charité privée la charge des enfants naturels non reconnus. « Je comprends, dit-il, qu'il faille ouvrir largement les hôpitaux au malheur et à l'abandon, mais je ne puis admettre que, lorsqu'il y a à la misère d'autrui un auteur responsable et en état de la secourir, on refuse de s'adresser d'abord à lui, et de le contraindre à accomplir un devoir qu'il méconnait. »

M. Cazot maintient les conclusions de son rapport.

M. de Pressensé attaque ces conclusions qui tendent au rejet pur et simple de la proposition de loi; il admet que la faute de la femme entraine dans la famille des conséquences particulièrement graves, mais cette faute ne peut être commise sans complice, et la culpabilité principale retombe sur l'homme : « Le préjugé mondain qui lui fait croire à des immunités morales, à son profit, s'est développé comme un fléau moral dans notre société française. » On craint le scandale : si le scandale est la conséquence nécessaire d'une culpabilité réelle, il ne faut y voir que le juste châtiment du mal commis. On ne s'occupe que de la famille riche, bien posée, et on oublie totalement celle qui n'a pu se former par la faute du séducteur qui a abandonné lâchement la femme et l'enfant.

M. Naquet fait remarquer au Sénat la différence profonde qui existe entre la présomption *Pater is est quem justæ nuptiæ demonstrant* et les exceptions que l'on propose au principe de l'interdiction de la recherche de la paternité; la présomption : *Pater is est*... donne pour père à l'enfant le mari de la mère, à moins que le contraire ne soit prouvé; il n'en est pas de même des exceptions proposées; dans les cas où on demande qu'il soit fait exception à la règle de l'art. 340, on permet seulement à l'enfant de rechercher son père, mais la preuve de sa filiation reste à sa charge ; aucune présomption légale ne vient l'en dispenser. M. Naquet ne propose pas de consulter immédiatement le Sénat sur le projet de loi de M. Bérenger ; il demande que ce projet soit renvoyé à la Commission chargée de l'étudier, avec l'indication spéciale que le Sénat entend qu'il y a quelque chose à faire en cette matière. Cette proposition, mise aux voix, n'est pas adoptée ; M. Bérenger, devant ce vote du Sénat, retire son projet de loi, en se réservant de le présenter sous une autre forme.

M. de Gavardie présenta aussitôt au Sénat un contre-projet dont l'art. 1er était ainsi conçu :

L'art. 340 du Code civil est modifié ainsi qu'il suit :

Art. 340. — La recherche de la paternité est interdite, sauf les cas :

1° D'enlèvement, lorsque l'époque de l'enlèvement se rapportera à celle de la conception.

2° De séduction obtenue par des moyens frauduleux.

Cet art. 1er, mis aux voix, ne fut pas adopté, et M. de Gavardie retira son projet de loi.

Au moment où se discutait au Sénat la question de la recherche de la paternité, la Chambre des députés était saisie de la même question par une proposition de loi de M. Gustave Rivet, tendant à abroger l'art. 340, et à admettre la recherche de la paternité ; elle était ainsi conçue :

Art. 1er. — La recherche de la paternité est admise pourvu qu'il y ait preuves écrites, ou faits constants, ou témoignages suffisants.

Art. 2. — Si le père refuse d'épouser la mère, celle-ci est en droit de lui demander des dommages-intérêts et des aliments pour l'enfant.

Art. 3. — La femme peut déclarer sa grossesse, désigner le père et commencer l'instance, trois mois avant sa délivrance.

Art. 4. — Pendant la minorité de l'enfant, l'action en recherche de paternité appartient à la mère et au tuteur.

Art. 5. — L'action en recherche de la paternité se prescrit par six mois à partir de la naissance de l'enfant.

Art. 6. — La fille âgée de plus de vingt-cinq ans ne sera pas admise à poursuivre un mineur de moins de dix-huit ans.

Art. 7. — Les revendications de paternité reconnues calomnieuses et de mauvaise foi seront poursuivies et punies des peines applicables en matière de diffamation.

Art. 8. — Est abrogé l'art. 340 du Code civil et toute disposition contraire à la présente loi.

« La société, disait M. Rivet, dans l'exposé des motifs, souffre d'un mal dont tout le monde s'inquiète ; le nombre des avortements, des infanticides, des abandons d'enfants se multiplie, et nul ne peut rester indifférent à cette douloureuse situation... »

.Ce qui cause le plus grand nombre des avortements, des infanticides, des abandons, c'est, il est vrai, la honte qui s'attache à la maternité en dehors du mariage, mais c'est aussi, et surtout, la difficulté ou l'impossibilité matérielle dans laquelle se trouvent les filles-mères d'élever leurs enfants : si elles avaient l'espoir de la réhabilitation par le mariage, ou seulement l'assurance d'un secours matériel, si, conformément aux lois naturelles, le père devait, lui aussi, concourir à élever l'enfant, n'est-il pas évident qu'on verrait décroitre le nombre de ces abandons ou de ces meurtres d'enfants dont nous nous effrayons...

« N'est-il pas temps, en cette grave question de la paternité, d'appliquer le principe : « Chacun doit être responsable de ses actes ?... »

La proposition de loi de M. Gustave Rivet, renvoyée à la Commission d'initiative parlementaire, fut prise en considération, mais la discussion n'en eut pas lieu; aussi, le 10 juin 1890, M. Rivet présenta de nouveau son projet de loi dans les mêmes termes; une Commission fut chargée de l'examiner, et l'auteur de la proposition de loi, lui-même, déposa, le 20 novembre 1890, au nom de cette Commission, un rapport qui concluait à la prise en considération du projet.

Le 9 juillet 1895, M. Gustave Rivet présentait, pour la troisième fois son projet de loi, « non pas, disait-il, comme un ensemble parfait, mais comme un appel à la discussion sur cette question si grave de la responsabilité paternelle. »

Au nom de la justice, et ayant en vue la diminution des crimes, l'intérêt de l'enfant et le droit de la femme, il priait la Chambre des députés de vouloir bien admettre la discussion sur la proposition de loi conçue dans les mêmes termes qu'en 1883 et en 1890.

Une Commission fut encore chargée d'examiner le projet; elle déclara, à l'unanimité, qu'il y avait lieu de prendre en considération la proposition de loi de M. Rivet; M. Odilon-Barrot, dans le rapport qu'il présenta à la Chambre au nom de la Commission, à la séance du 28 novembre 1895, expose, selon nous, la question sous son véritable jour :

« Les penseurs et les humanitaires se demandent depuis longtemps si la loi naturelle ne fait pas un devoir à ceux qui ont aidé à mettre au monde de petits êtres, d'autant plus dignes d'intérêt qu'ils sont plus dépourvus des choses les plus essentielles, de leur venir en aide sur le seuil de la vie, et tant que durera la période pendant laquelle ils seront dans l'impossibilité de se suffire. Ils se demandent aussi, quelquefois, si ce devoir n'incombe pas au moins autant, si ce n'est davantage, au père qu'à la mère, dont la grossesse, l'allaitement et les soins du ménage diminuent relativement les moyens d'action. Si, dans ces conditions, le père oublie ou omet de remplir les devoirs résultant de la loi naturelle, n'appartient-il pas à la loi civile de les lui rappeler ou même de les lui imposer? La société a-t-elle le droit, après avoir flétri ce petit être du nom de bâtard, de lui faire supporter une faute qu'il n'a pas commise? Il y a une loi Grammont qui protège les animaux, y compris les taureaux sauvages; pourquoi n'y en aurait-il pas une aussi pour protéger les enfants?...

» On a dit, d'autre part, que, notamment en ce qui concerne les enfants adultérins, les principes sociaux en recevraient une grave atteinte; on invoque souvent les principes sociaux quand il s'agit de s'opposer à une réforme importante dans l'ordre familial. C'est possible, mais je ne m'y arrêterai pas, en songeant qu'en regard de cette atteinte hypothétique, une créature serait sauvée, et j'y verrai de préférence un grand avantage moral...

» Nous pensons seulement que la responsabilité de la paternité doit être établie dans les conditions prévues par l'art. 1382 du Code civil, comme toutes les responsabilités provenant du fait de celui qui s'est rendu l'auteur du préjudice causé à autrui; nous estimons que le juge doit avoir un pouvoir absolu d'appréciation pour déterminer le fait imputé au père supposé de l'enfant par la mère, et qu'il devra s'entourer de tous les moyens qui seront de nature à éclairer sa décision, la demanderesse ayant, suivant l'axiome du droit, l'obligation stricte de faire la preuve, mais le défendeur ayant aussi tout recours ouvert pour opposer, par la voie de la contraire enquête, les preuves aux preuves, et les témoignages aux témoignages... »

Nous devons encore signaler une proposition de loi de M. A. Groussier, « tendant à modifier plusieurs articles du Code civil, et à l'effet de donner les mêmes droits aux enfants naturels qu'aux enfants légitimes, et de permettre la recherche de la paternité. » Cette proposition de loi, déposée sur le bureau de la Chambre des députés, le 28 janvier 1895, est ainsi conçue :

Art. 1er. — Les articles 331 à 342 inclus du Code civil sont abrogés et remplacés par les dispositions suivantes :

CHAPITRE III. — *Des enfants naturels ou nés hors mariage.*

Art. 331. — Les enfants nés hors mariage ont les mêmes droits et les mêmes devoirs que les enfants nés dans le mariage.

Art. 332. — Les père et mère ont l'obligation de contribuer à l'entretien de leurs enfants, à proportion de leurs facultés.

Art. 333. — L'article 334 actuel.

Art. 334. — L'article 336 actuel.

Art. 335. — L'article 339 actuel.

Art. 336. — La recherche de la paternité et de la maternité est admise, pourvu qu'il y ait preuve écrite ou faits constants ou témoignages suffisants.

Art. 337. — Pendant la minorité de l'enfant, l'action en recherche de la paternité appartient à la mère ou au tuteur.

Art. 338. — La femme peut déclarer sa grossesse, désigner le père de l'enfant et commencer l'instance avant sa délivrance.

Art. 339. — Si la mère prouve que le père lui a promis mariage, elle a le droit de réclamer une pension alimentaire. Cette pension serait révocable dans le cas où elle cesserait d'être nécessaire.

Art. 340. — La mère âgée de plus de vingt-cinq ans ne sera pas admise à réclamer cette pension, si le père est un mineur de moins de dix-huit ans.

Art. 341. — Les revendications de paternité reconnues calomnieuses et de mauvaise foi seront poursuivies et punies des peines applicables en matière de diffamation.

Art. 2. — Les art. 756 à 766 inclus et 908 du Code civil sont abrogés, ainsi que toute disposition contraire à la présente loi.

M. Groussier dit lui-même, dans l'exposé des motifs de sa proposition de loi, qu'il n'y a pas lieu de veiller à la conservation de l'institution du mariage : « Les lois doivent avoir pour but, non de contrarier les mœurs, en vue du développement d'une institution plus ou moins compatible avec la nature humaine, mais au contraire de les suivre dans leur évolution, en tout ce qui n'est pas opposé au droit naturel. » Nous ne saurions admettre une pareille doctrine, estimant qu'une société ne peut vivre sans le mariage; mais, abstraction faite des dispositions relatives à l'assimilation des enfants naturels aux enfants légitimes, nous partageons entièrement l'opinion de M. Groussier, lorsqu'il nous dit, relativement à la recherche de la paternité : « . . . Certes, cette recherche est difficile; mais ce sera aux tribunaux à juger si les preuves, faits ou témoignages sont suffisants. . . La société devrait atténuer par ses lois les inégalités naturelles. Par cette interdiction, elle voue la mère à la misère, quelquefois l'excite au crime, et sacrifie un innocent. . . Dans l'intérêt de l'enfant il faut donc lui assurer la protection du père. Le sentiment du droit naturel devrait suffire à nous faire supprimer cette criante injustice, car il ne peut être admis qu'un homme se dérobe au devoir qui lui incombe de subvenir aux besoins de son enfant...

» L'interdiction de la recherche de la paternité a causé de désastreuses conséquences, par la mortalité considérable des enfants naturels... Pour l'ensemble des enfants de moins d'un an, il y a 155 décès sur 1,000 naissances légitimes, et 274 décès sur 1,000 naissances naturelles!... »

CONCLUSION

« La charge de l'enfant, nous dit Fournel[1], n'est autre chose que l'accomplissement d'une obligation naturelle. » Personne n'a contesté ce principe : la nature impose évidemment au père aussi bien qu'à la mère la charge de l'enfant. La seule question qui se pose est celle de savoir si la loi civile doit consacrer cette obligation naturelle; si, dans le cas où l'un des parents refuserait d'obéir à cette injonction de la nature, la loi positive devrait l'y contraindre.

Que l'enfant soit le fruit d'une union légitime ou celui d'une union libre, notre ancien droit français décidait que, toujours, l'obligation de le nourrir, de l'élever, incombait au père et à la mère; bien plus, considérant que la mère, dans l'accomplissement des fonctions mêmes de la maternité, avait eu seule la douleur de donner la vie à l'enfant, que sa situation de femme nouvellement accouchée ne lui permettait pas de se livrer à un travail rémunérateur, capable d'assurer sa vie et celle du nouveau-né, les juges déclaraient le père civilement tenu de supporter seul les frais entiers de l'éducation.

Les législateurs de 1804 ont admis que « les époux contractent par le seul fait du mariage l'obligation de nourrir, entretenir et élever leurs enfants. » Mais en dehors du

(1) Fournel. *Traité de la séduction*, p. 183.

mariage ils ont permis au père de se soustraire à la charge que la nature lui impose, en interdisant la recherche de la paternité. L'obligation naturelle du père continue à exister, mais elle ne produira aucun effet, si ce père ne la reconnait pas de son propre gré et dans des formes spéciales. Pour éviter les scandales auxquels donnèrent lieu certaines recherches de paternité sous l'ancienne législation, on a décrété le principe nouveau : l'irresponsabilité paternelle. Nous avons vu au cours de notre travail que les scandales tant reprochés à l'ancien droit ne pouvaient résulter du principe même de la recherche de la paternité, mais de l'application qui en était faite d'après la règle « *Creditur virgini parturienti.* » Ce n'était donc pas le principe lui-même qui était défectueux et qu'il fallait abandonner, mais seulement l'application d'une règle qui avait donné lieu à des abus et qu'il fallait modifier. D'ailleurs les quelques exemples de scandales que l'on cite comme s'étant présentés à l'époque où la recherche de la paternité était admise, semblent, pour la plupart, résulter d'une règle tout accessoire : lorsqu'une fille avait connu plusieurs hommes et qu'elle devenait mère sans qu'il fût possible de déterminer quel était le père de l'enfant, la charge de ce dernier était imposée à tous ceux qui avaient entretenu des relations avec la mère; nos anciens jurisconsultes estimaient que si un seul d'entre eux était réellement le père, tous s'étaient exposés à l'être; « Ils ne devaient pas ignorer les risques auxquels cette intimité les exposait; ils ne pouvaient donc se plaindre d'en éprouver les suites : *Qui damnum suâ culpâ sentit, damnum sentire non videtur*[1]. »

(1) Fournel. *Op. cit.*, p. 137.

Si nous supprimons la règle d'après laquelle on doit ajouter foi à la seule déclaration de la fille-mère, et celle qui, dans les cas où il est impossible de déterminer d'une façon précise quel est le père de l'enfant, en impose la charge à tous ceux qui ont connu la mère, il est certain que les scandales deviendront, si non impossibles, du moins très rares, surtout si nous considérons que la demande de la fille, reconnue calomnieuse, est une diffamation, et punie comme telle de peines sévères : elles seront plus nombreuses celles qui n'oseront pas, par crainte de ne pouvoir réunir les preuves suffisantes, introduire une demande, quoique bien fondée, incertaine dans ses résultats, que celles qui réclameront pour père de leur enfant un homme qu'elles sauront lui être étranger.

Supposons qu'un scandale se produise ; une fille déclare faussement que tel homme est le père de son enfant ; par impossible, l'homme ne peut démontrer que la demande est mal fondée, qu'en résultera-t-il ? Le prétendu père sera chargé de l'enfant, c'est-à-dire qu'il sera tenu de veiller à ses besoins, de lui fournir ce qui sera nécessaire à son existence, à son éducation... Ce sera là sans doute un résultat fâcheux, mais est-il comparable à la situation terrible que l'art. 340 fait à la femme ? Peut-on raisonnablement mettre en parallèle l'affreuse misère de la fille-mère abandonnée avec un enfant sur les bras, et les quelques inconvénients qui pourront, peut-être, résulter quelquefois, rarement, de la recherche de la paternité ? Parce que une fois sur cent, et nous nous refusons absolument à admettre une proportion d'erreurs plus élevée, un homme aura été chargé d'un enfant qui n'est pas le sien, peut-on condamner quatre-vingt-dix-neuf femmes au déshonneur, à la misère, au désespoir, à l'impossibilité de vivre, et leurs enfants souvent à la mort; sinon, à la débauche et au crime?

Mais, disent les partisans de l'interdiction de la recherche de la paternité, nous voulons bien admettre que l'intérêt de l'enfant, le droit de la femme commandent de permettre de rechercher le père de l'enfant, seulement nous estimons qu'il est impossible de déterminer d'une façon satisfaisante quel est le père de l'enfant : la mère seule peut le connaître d'une façon certaine; nous ne pouvons faire revivre l'ancienne maxime : « *Creditur virgini parturienti :* » on sait trop à quels abus cette maxime donna lieu; d'autre part nous n'avons pas ici une base nous permettant d'établir, comme dans le mariage, une présomption analogue à celle : « *Pater is est quem justæ nuptiæ demonstrant.* » La réponse nous semble facile : M. Naquet, dans la séance du 10 décembre 1883, a fort justement fait remarquer au Sénat qu'il n'était nullement question d'établir une présomption légale, c'est-à-dire un mode de preuve exceptionnel, mais simplement d'admettre, dans la recherche de la paternité naturelle, les moyens de preuve du droit commun. On est bien forcé de reconnaître que ces moyens de preuve sont suffisants pour établir une probabilité satisfaisante, puisque la jurisprudence accorde à la mère délaissée des dommages-intérêts qu'elle peut réclamer à son séducteur. M. Demolombe, nous l'avons vu dans notre chap. III, prétend que cette solution n'est pas contraire à notre art. 340, parce que, dit-il, l'action en recherche de paternité et l'action en dommages-intérêts au profit de la fille-mère abandonnée diffèrent, sous le double rapport des personnes qui y figurent et des intérêts qui s'y débattent; mais lui-même par son silence reconnait implicitement qu'elles ne diffèrent pas par les moyens de preuve employés, dans l'une pour établir le fait de la paternité, dans l'autre celui de la séduction suivie de l'abandon : Et il nous semble, en effet, difficile de concevoir qu'il soit possible d'une part de prouver que tel homme a séduit une femme, qu'il a entretenu avec elle des relations de nature à déterminer une grossesse, qu'il l'a ensuite abandonnée et est passible de ce chef de dommages-intérêts envers elle; et que d'autre part il soit impossible de prouver que cet homme est le père de l'enfant que la femme a mis au monde.

On a prétendu que la femme n'était pas en droit de se plaindre d'être ainsi sacrifiée; il est rare que l'homme soit l'auteur principal de la séduction; dans les cas exceptionnels où il a été vraiment le séducteur, où il a abusé de sa situation, de son autorité, de son âge, où il a exercé une violence morale, la jurisprudence vient au secours de la femme et lui accorde des dommages-intérêts.

Nous répondons que toute question sur le plus ou moins grand pouvoir de séduction de l'homme ou de la femme semble impossible à résoudre d'une façon certaine, et que M. Cazot n'était nullement autorisé à affirmer gratuitement au Sénat « qu'il y a beaucoup plus de femmes qui séduisent que de femmes qui sont séduites[1]. » La première condition nécessaire à toute comparaison est la conception par un même esprit des deux idées entre lesquelles il s'agit d'établir un parallèle; dans notre espèce : d'une part, le pouvoir de séduction et de résistance à la séduction chez l'homme; d'autre part, le pouvoir de séduction et de résistance à la séduction chez la femme; la comparaison est donc impossible ici, car il faudrait un être qui puisse exercer les deux influences et être en même temps soumis

(1) *Annales du Sénat*. Séance du 6 décembre 1883.

à ces deux influences : un monstre qui n'existe pas. S'il est impossible de résoudre directement cette question, nous possédons cependant quelques éléments de connaissance qui semblent nous contraindre à admettre une solution opposée à celle que propose M. Cazot. Par sa nature même, la femme paraît devoir résister plus difficilement que l'homme à l'attrait physiologique; cette résistance, chez l'homme, ne produira que très rarement des accidents fâcheux; elle peut compromettre la santé de la femme, exposer même sa vie. Nous avons déjà constaté, au cours de notre travail, que, dans la plupart des cas qui donneront lieu à la recherche de la paternité, une jeune fille pauvre se trouvera en présence d'un jeune homme, souvent d'un homme, sinon riche, du moins supérieur par sa situation sociale, et, par conséquent, à même d'exercer une influence morale très grande sur l'esprit de la jeune fille. Peut-on sérieusement soutenir que la femme est l'auteur principal de la séduction, dans un pays comme le nôtre, où la femme n'est rien que par le mariage? « Dans les milieux malheureux, fait justement observer M. Bérenger, dans les milieux déshérités, plus qu'ailleurs peut-être, le mariage est le but de la femme, car si elle n'a pas trouvé au foyer paternel les soins et la tendresse de parents dignes de ce nom, si elle y voit des exemples qui la révoltent, c'est pour elle l'affranchissement. Si elle a tout cela, c'est encore la liberté, l'aisance, la famille, et la perspective de cette situation constitue pour elle l'élément de séduction le plus considérable et le plus sérieux[1]. »

Quant à la jurisprudence qui accorde à la fille délaissée des dommages-intérêts, elle est évidemment, au point de

(1) *Annales du Sénat*. Séance du 8 décembre 1883.

vue humanitaire, digne de tous les éloges, mais elle n'en constitue pas moins une violation de la loi : la recherche de la paternité est interdite ; il n'est pas permis d'établir la filiation naturelle d'un enfant par rapport à son père, et la filiation est indivisible comme l'état des personnes : il n'est pas admissible qu'un homme soit déclaré père d'un enfant pour les dommages-intérêts dus à la mère, et étranger à ce même enfant sous tous autres rapports.

Au cours de la discussion de la proposition de loi de M. Bérenger au Sénat, il a été objecté que si on permettait à l'enfant de rechercher son père, en prouvant notamment sa possession d'état d'enfant naturel, on pouvait craindre d'introduire dans la législation, à côté du mariage, une union inférieure, frappée à l'empreinte légale, analogue au *concubinatus* romain, et à laquelle un trop grand nombre de personnes finiraient par s'habituer.

Il n'y a pas à craindre d'introduire dans la législation française une union inférieure au mariage, analogue au *concubinatus*, pour cette bonne raison qu'elle existe déjà ; elle existe depuis que le consul Cambacérès s'est écrié : « Il ne peut y avoir deux sortes de paternité, la paternité légitime et la paternité naturelle ; tous les enfants, quels qu'ils soient, doivent être égaux devant la loi... » ; depuis que le Code civil a consacré les droits successoraux des enfants naturels : la situation a encore été aggravée par la loi du 25 mars 1896, qui, nous l'avons vu, accorde aux enfants naturels des droits presque égaux à ceux des enfants légitimes dans la succession de leurs parents. Est-il possible de nier l'analogie frappante qui existe entre la situation des enfants naturels reconnus et celle des enfants issus du *concubinatus* ? Entre celle des enfants naturels non reconnus et celle des *vulgo concepti* ? Pour nous, le nœud du débat relatif à la recherche de la paternité réside dans cette fausse application du principe d'égalité, dans les droits trop étendus accordés aux enfants naturels. Certes, nous nous félicitons de ce que la Révolution française ait proclamé bien haut le principe d'égalité de tous devant la loi; mais, pour avoir droit à cette égalité devant la loi, il faut commencer par la respecter, et le maintien du principe d'égalité n'exige pas, selon nous, que le législateur soit contraint d'accorder des effets à une union qu'il n'a pas consacrée; et surtout, nous nous refusons absolument à admettre que le principe d'égalité commande d'accorder à cinq mille enfants naturels, qui, chaque année, sont reconnus par leurs pères, en France, des droits presque égaux à ceux des enfants légitimes, au prix du droit à la vie des soixante-dix mille qui ne sont pas reconnus.

L'interdiction de la recherche de la paternité avait pour but d'empêcher les scandales; ce but n'a pas été atteint, puisqu'il est aujourd'hui de jurisprudence constante qu'une fille-mère, abandonnée par son séducteur, a droit à des dommages-intérêts; ces actions en dommages et intérêts passent par les mêmes phases, comportent les mêmes moyens de preuve que les recherches de paternité, et, par conséquent, si le scandale est possible, doivent produire les mêmes désordres.

Le principe de l'art. 340 est condamné par l'opinion, condamné par la jurisprudence : on l'a contesté; il nous semble qu'il est impossible de le nier, en présence du jugement que vient de rendre, ces jours derniers, le tribunal de Château-Thierry : il s'agissait d'une jeune fille M..., poursuivie pour avoir blessé, en lui lançant des pierres, un jeune homme S..., qui l'avait abandonnée après l'avoir rendue mère, et lui avoir promis le mariage : « Attendu, dit le tribunal, qu'à l'audience, l'attitude de la fille M... a été excellente et qu'elle a exprimé tous ses regrets de n'avoir pu résister à un mouvement d'emportement;

» Qu'il n'en a pas été de même du plaignant, « don Juan » de village, qui, au lieu de racheter son odieuse conduite, en se montrant très indulgent pour celle à qui il avait promis de donner son nom, a poussé l'infamie jusqu'à tenter de la faire passer pour une fille de mauvaises mœurs, alors que le maire de la commune atteste, au contraire, qu'elle mène une vie des plus régulières;

» Qu'à tous les éléments d'atténuation, il vient s'en joindre un autre et non des moindres, résultant de cette lacune de notre organisation sociale qui laisse à une mère toute la charge de l'enfant, alors que le père peut se dégager allègrement de toute responsabilité matérielle;

» Qu'un semblable état de choses, qui met souvent la femme dans la terrible alternative du crime ou du désespoir, est bien fait pour excuser, dans la plus large mesure, les mouvements et les actes violents auxquels elle peut se laisser aller contre celui dont le cœur est assez sec et le niveau moral assez bas pour lui laisser supporter, malgré sa situation aisée, toutes les charges de la maternité... »

Est-il possible de prononcer en termes plus formels la condamnation de la règle de l'art. 340?

S'il nous est permis, en terminant notre travail, d'exprimer un vœu, nous le formulerons en ces termes :

Que la recherche de la paternité soit permise;

Que les Facultés de droit, les Cours et les Tribunaux soient interrogés sur la question de savoir dans quelles conditions une femme, un enfant, pourront contraindre à accomplir son devoir celui qui, lâchement, se dérobe aux charges que la paternité lui impose.

Vu :

Le Professeur chargé de l'examen de la thèse,

Ch. BLONDEL.

Vu :

Le Doyen,

G. DE CAQUERAY.

Vu et permis d'imprimer :

Le Recteur,

J. JARRY.

TABLE DES MATIÈRES

Pap. Dubois, Rennes (510-98)

www.ingramcontent.com/pod-product-compliance
Ingram Content Group UK Ltd.
Pitfield, Milton Keynes, MK11 3LW, UK
UKHW020149220726
13923UKWH00001B/450

9 782329 064734